U1008542

Management Feast

A Brief Interpretation of 100 Classical Management Theories

管理的盛宴

——100个经典管理理论的极简解读

刘 祯◎著

企业管理出版社
ENTERPRISE MANAGEMENT PUBLISHING HOUSE

图书在版编目（CIP）数据

管理的盛宴：100个经典管理理论的极简解读 / 刘祯著 . -- 北京：企业管理出版社，2019.3

ISBN 978-7-5164-1908-3

Ⅰ. ①管 … Ⅱ. ①刘 … Ⅲ. ①企业管理 Ⅳ. ① F272

中国版本图书馆 CIP 数据核字（2019）第 034891 号

书　　名：管理的盛宴——100个经典管理理论的极简解读
作　　者：刘　祯
责任编辑：侯春霞
书　　号：ISBN 978-7-5164-1908-3
出版发行：企业管理出版社
地　　址：北京市海淀区紫竹院南路17号　　邮编：100048
网　　址：http://www.emph.cn
电　　话：发行部（010）68701816　　编辑部（010）68420309
电子信箱：zhaoxq13@163.com
印　　刷：三河市聚河金源印刷有限公司
经　　销：新华书店
规　　格：720毫米×1000毫米　　16开本　　15.75印张　　200千字
版　　次：2019年4月第1版　　2019年4月第1次印刷
定　　价：58.00元

版权所有　翻印必究　印装有误　负责调换

序 邀您赴宴

敏锐的感觉其有用程度及不上常识的一半；四十个智者方才抵得上一个常识丰富者。

——亚历山大·蒲柏

作为一名管理教育工作者，有两个电影场景对我触动很大：一个是电影《三傻大闹宝莱坞》中一名学生对专家的“戏弄”，明明是一个非常简单的道理，专家却用大家都听不懂的非常复杂的语言来表达；另一个是电影《精武英雄》中对中国武术或者说武学的探讨，一名资深武士认为中国武术并不注重实战，但是陈真突破了这一点。

电影在某种程度上是对现实的写照，这让我警醒。一个是简明，另一个是实用，如果脱离了这两点，管理学又如何能真正让学习者受益呢？这也让我养成了把理论和实践结合起来研究的习惯，总结出更符合管理实践的新认知，并且训练自己用简明的语言表达。只有这样，管理知识才能更好地帮助学习者。

越来越多的企业和个人愿意学习管理，因为管理有其实用性，这也是衡量理论好坏的关键。好的理论不见得有多么复杂和高深，却能贴合实际，对我们的工作和生活给予帮助。道理很简单，那些好企业和把事业做好的人，背后一定有好的管理在推动。

一是要有大的管理格局，只做某一方面的管理工作远远不够，因为绩效的产生来自多个系统因素的推动。二是要有真功夫，这种功夫往往体现在对组织和社会的理解以及高层人员的水平上，就像“打蛇打七寸，擒贼先擒王”，在这个部分要有深厚的功底。三是要有技巧，也可以说是一些聪明的招数。四是要修炼心性，让自己平静地作战。本书通过这四个方面把重要的管理理论聚合起来，目的是帮助大家打开管理格局、夯实管理根基、巧用管理手段、修炼好心性，最终帮助大家进步。

这些理论聚合在一起是一场管理知识的盛宴，其中有小菜也有大菜，有些食材差不多，但用不同的理论来诠释时会散发出不同的味道，给人留下不同的感觉和记忆。就像是用有限的音符可以谱写出多彩的乐章，用有限的笔画和字母可以书写出不同的文字，虽然管理的食材有限，但同样可以用它们打造出一场盛宴。这种多样性的一个好处在于，对于有些食材，我们可能在前面一道菜没吃出是什么，但在另一道菜中却品出了味道，找到了答案，从而把知识吃透。

当然，众口难调，未必每道菜都合大家的口味，不过相信里面总有可口的菜品，并且一些起初觉得不太可口的菜，随着时间的推移也许会越来越受到我们的喜爱，这不是菜变了，而是我们成长了。换言之，这场管理盛宴是为我们奔赴人生盛宴准备的，随时为我们的前进增添能量。所以，一时吃不了可以打包，也可以把食材找出来，重新做出自己更喜欢吃的菜品，从而有助于更好地消化知识。

总之，大家吸收了这些知识之后可以更有力气干活儿，可以把活儿干得更好，可以生活得更好，这样一来本书就实现了自身的价值。

此外，还可以和读者交流一些管理理论发展的常识。在我们看到的这些管理理论背后，实际上有着管理理论百年发展的烙印，而在当中做出贡献的学者远不止本书附录和参考文献当中列出的。事实上，对管理理论做出贡献的又岂止是学者。理论来源于实践，管理理论在一百年的发展过程中，凝结了各种组织和组织工作者的努力，我们应该感恩所有这些人的付出。

诚然，理论总是在不断发展的，我们对于理论本身的认识也需要与时俱进。当更多人愿意学习管理理论时，不能让理论的复杂性成为大家认识理论的障碍，管理理论需要跳出象牙塔，融入人们的工作和生活，引发人们的思考并改善自己的行为。所以，理论可以发展成更高深莫测的理论，这种理论或许只有少数几个人可以读懂；理论也可以发展成被更多人了解的常识，帮助更多人取得进步。

因此，把复杂问题简单化也是一种研究，同样需要花心思去设计和创造，甚至要多花一些心思去思考是不是足够简洁清晰，是不是真正贴合我们的现实工作。基于此，我用最简单的语言告诉大家理论的本意，并且结合现实做出新的解释，点明其中的关键要领，力求将管理理论和大家的实践融合在一起。当然，这种新的研究方式也是一种尝试和挑战，由于个人能力有限，难免有不当之处，请大家批评指正。

本书的出版首先要感谢孙庆生社长。企业管理出版社一直致力于将管理理论和企业实践结合在一起，本书完成时，孙庆生社长第一时间给予支持，让本书找到了落地生根的家园。在本书出版过程中，赵喜勤主任和我进行了持续有效的沟通，侯春霞老师的帮助也让本书的文字呈现更加简明清晰，所以，在此要特别感谢企业管理出版社团队给予的专业支持。

最后要深深感谢我的老师陈春花教授，没有她的栽培，我将对有效的管理一无所知。得益于老师的教导，这么多年来阅读了很多管理理论，同时也有幸深入接触了一些大型、中型、小型企业以及高层、中层、基层管理人员，了解了很多优秀企业和管理人员及其背后的艰辛付出。同时，从企业和管理人员的成长过程中真切感受到了管理提供的动力和贡献的价值，因而确信了管理的价值。管理理论只有呈现出这种价值时，才是有效的理论。

这正是我解读管理理论的初心，希望大家从这场知识的盛宴中遇见有效的管理，与之携手，奔赴人生的盛宴。

刘祯　博士

2018年5月于上海

目 录

第一篇 打开你的管理格局

做企业，赢在细节，输在格局。

——马云

不论是管理还是管理当中的某一部分工作，要发挥效力，都需要具备系统性。实践者理解管理概念的时候，除了看到某种做法之外，更要看到每项概念包含的工作内容，因为只有结合这些要素的系统实践，才能呈现出管理的成效。以战略为例，当我们仅仅片面地看到战略当中的部分工作时，就会发现战略无法奏效，甚至会因此质疑战略理论。事实上，原因正是我们没有打开格局，没能全面认识理论。其实不仅是战略，对于很多我们耳熟能详的管理概念，也许很多人依然停留在表面或者片面的认知上，这样就会限制概念价值的发挥，更重要的是会限制我们自己的成长。因此，对于每一个管理概念，我们首先要有系统的认识，打开自己的管理格局，只有这样才能创造有价值的管理世界。

5P 战略理论：让战略管理有章可循

5P 战略理论提供了一种系统认识战略管理的观点，告诉我们布置战略和实现战略要做哪些工作。

一是洞察（Perspective）。所谓战略洞察，就是登高望远，看见组织的未来。战略洞察代表着组织的发展意图，包括使命和愿景。使命就是组织为什么存在，及其对于社会或者外部顾客的价值；愿景则要描绘出组织想要成为的样子，是一幅蓝图。战略洞察的结果应该是一幅可以展现未来的画卷。

二是定位（Position）。战略定位是在使命和愿景的基础上进一步明确组织具体要做什么。准确地说，是企业的事业定位。企业要不断地去问，今天的事业是什么，明天的事业是什么，不仅要做好今天的事业，还要为明天培育事业。为了完成企业的使命和愿景，企业的定位未必一成不变，所谓的转型或者改变都是为了让企业在动态环境中可以持续存在，持续贡献价值。

三是计划（Plan）。明确了公司的事业定位，接下来就要确立事业的目标以及如何达成目标，也就是进行计划工作。计划要一直跟着变化走。这个变化就是企业的事业安排，计划要围绕着企业的事业目标展开，并不断寻找实现事业目标的途径。

四是工具（Ploy）。要实现计划，得有工具才行。企业必须拿出撒手锏来促成目标的实现，所以，要有关键的资源、能力、知识、策略等。战略要依赖资源、能力、知识、策略，逻辑基础就在这里。懂得这些就会知道，不论是在理论还是实践中，都要谈关键资源、核心能力、知识创造、竞争策略。

具体来说，当我们谈资源、谈能力、谈知识以及谈策略的时候，一定要记得把这些概念和竞争力挂钩，否则，就不是有效的资源、能力、知识以及策略。所以，能带来竞争优势的资源和能力，要能为顾客贡献价值，要能帮助企业打开足够的市场空间，甚至可以支撑企业持续进入新的空间，还要扎实，不容易在短期内被模仿。

因此，我们应有意识地去构建关键资源、核心能力、有用知识以及竞争策略。这些都是战略实施的撒手锏，是实战利器。所以，战略是实战，不论是重兵还是锦囊妙计，都要手握利器才行。

五是行为模式（Pattern）。战略最后要形成自己的一套打法。有了战略，企业还必须拿出一套行为模式来支撑战略，这种模式有结构上的，也有文化上的，但不论是有形的结构还是无形的文化，都应该与战略相匹配。换言之，结构和文化实际上都是实现战略的行动安排。

结构不是图形，文化也不是文字，两者表面上看是图文，但实际都是在表达对事情的行动。结构体现了企业实现战略有哪些事情要做，以及这些事情由谁来做，拿什么来做；文化则体现了做事的原则。战略到底能不能落地，需要有效的行为模式做支撑，结构和文化正是战略的顶梁柱。如果我们读不懂结构和文化所暗含的内容，只看表面，就会产生误读，最后也许只能做出“面子工程”——结构和文化都很漂亮，但是完全不实用，这反而是极大的浪费。

因此，战略不是理念，而是行动，而且战略从理念到行动需要一些章法，5P 战略让我们有章可循。

7S 组织理论：读不懂 7S，别说你懂组织

7S 组织理论给我们提供了一个从整体上看待组织的方法论，这一理论系统地描述了一个好的组织应该是什么样子。如果从一个比较全面的视角来看，组织可以看作是一个人事系统，由事情和人员构成，换言之，就是一群人在一起做事。

组织一般包含三个要素，即战略（Strategy）、结构（Structure）以及文化（Style）。换句话说，这三个要素决定着组织在做什么以及怎么做。战略界定了企业的经营范畴，阐明了企业的定位和目标；结构则进一步把企业要做的

事情分解；文化则说明了公司要把每一件事情做好，需要拥有什么样的行为习惯。

需要说明的是，很多人以为结构是由人构成的，事实上，结构是由任务构成的。每一个部门之所以存在，是因为需要承接某一个任务和目标，而这个任务和目标正是来源于战略。

因此，战略和结构是相匹配的。当一个企业的战略简单时，如企业很小，只做一项业务，那么结构就应该保持简洁。而对于一个拥有多元化战略业务的企业来说，结构恐怕要复杂得多，因为要做的事情更多，所以，可能就会倾向于采用事业部结构。在多元化战略之下，往往将多个事业分别给不同的部门去做，于是有了事业部。

除此之外，也有一些人认为文化是由人决定的，但事实上文化不是完全由人决定的。大家在一起，要把事情做好，做事情的目标和行为方法决定了文化，决定了一个企业的风格。

有人以为是老板决定了企业文化，但这只是表象，因为老板有时可能也身不由己。为了把公司的事情做好，必须放弃自己的一些行为习惯，必须强迫自己建立某些新的行为习惯，不论是对于自己还是对于同事来讲，逻辑都一样。因此，老板不能任性地决定文化，否则，事情就做不成，大家就没有饭吃，又何来文化。公司只有活下来，才有机会表达自己的文化，才能说明自己的文化是有用的。如果一家大谈文化的公司不能活下来，不能让员工们生活好，那么这样的文化就会成为空谈，没人相信。

设计好战略、结构和文化，就要找人了，要让人来做事情，从而会涉及另外三个关于人的要素：职员（Staff）、能力（Skill）、机制（System）。很多人以为这三个要素很简单，没什么值得探讨的，实际上是因为没有深思熟虑，只是不假思索地去接受或者使用这些概念，当然也就找不到什么特别之处。

事实上，恰恰是因为过于简单地认识这些要素或者习以为常地接受这些要素，才导致抓不到本质，挖掘不出这些要素应有的价值。

“职员”这个词，我们几乎每天都在听，也默认自己是职员，可到底什么是职员？我们真的是职员吗？

职员是工作人员，包括企业家、管理者和各级人员在内，但是反过来说，工作人员未必是职员。职员的真正意义是职业的工作人员，不论是企业家、管理者还是各级工作人员，只要在付出劳动，就必须有职业性，这是成为职业工作人员的前提。

职业性有两个特征，第一个是承担职责，也就是肩负着前面所说的事情。当你作为一个企业家、管理者或者普通工作人员时，实质上都是扛着一份责任，有了这一点才能有“职”。只有当企业中的每一个人都有职责时，企业的场域才可以真正称为“职场”。所以，切记不要让员工只有工作，没有职责。

很多企业和人员都在不停地忙碌，但有些人员就像无头苍蝇一样瞎忙活，未必职责清晰。还有的人员会闲着没事，当然，如果闲着没事找一些积极的事情做还好，但是如果闲着没事找碴，如滋生流言蜚语和内部矛盾，则这样就把人的能量消耗在无意义的事情上了，人和企业都不会获得工作绩效。问题在哪里？还是在于有工作，无职责。工作要产生绩效，一定要职责清晰。所以，要不断去问，我们的职责真的清晰吗？

第二个是专业性。每个员工都有其专长，企业家有经营的专业知识，管理者有管理知识，各级人员有自己的操作知识。要真正成为一个职场人员，要想在职场当中胜任工作，就要努力让自己变得专业。因此，职业性实际上就是用专业做好职业，而职员就是用专业做好职业的人。

从这个角度来看，我们确定自己是职员吗？我们的公司又拥有多少职员呢？职员数量真的等于公司的人员数量吗？一定不是那么简单。

以责任明确和有专业胜任力的职员为基础，就可以谈组织的能力了。

能力是在个人身上，但是必须从个人转到组织身上，才算是组织能力。因此，组织能力的本质是人的合力。这里要千万注意，组织能力并不是单纯讲人的专业能力。专业能力是一个职场人员的基本属性，所以，在成为一名合格职员时专业能力就必须已经达标。组织能力不是指专业能力，而是指整合专业能力的能力。

各个专业能力形成合力即组织能力，这种协同的合力才是组织创新和竞争力的基础。所以，如果不懂得这个概念的本质，就会在看能力这个要素时只把关注点放在个人专业能力上。事实上，组织在这个部分要打造的是专业人员的协同能力，这样才会形成组织能力。否则，哪怕有再高的专业技能，都不会有组织能力。

例如，当我们说一个组织的研发能力很强时，一定不是简单地在说这个企业研发人员的技术水平有多么高深，而是说这个企业的研发能力可以和市场能力相结合，最终形成出色的业绩，这样的研发能力才叫组织的核心能力。同样，说一个企业的销售或市场能力强也是如此，显然不只是在说销售人员的销售水平，还包括与研发人员等伙伴的系统作战能力。真正的研发能力和市场能力，体现的就是组织左右协同的作战水平。

又如，当我们说一个组织的领导能力很强时，一定不是简单地在说这个组织的领导者本领有多么强，而是在说领导者的经营思路渗透在了组织的各个层面，从而让大家步调一致地去创造价值，只有这样的组织才真正拥有领导能力。同样，说一个组织的基层能力很强时，也不是简单地说这个企业的基层人员的操作本领有多强，而是说这些基层人员能够用行动打动甚至带动领导者来支持他们的工作，从而创造出自己的高绩效，让基层能力显得格外亮眼。真正的领导能力和基层能力，体现的就是组织上下协同的作战水平。

组织的人员有了职业性，有了系统作战能力，最后还得保证这些人员行动起来，而把人员运作到事情当中靠得正是机制。

我们对于机制的最大误解在于以为机制是刚性的，事实上恰恰相反，机制应该是灵活的，原因只有一个，即机制面对的是人，而人是灵活的，是不同的。其核心在于，机制的目的并不是约束人，而是激发人的能力，让人回到价值贡献的轨道上来，释放出能动性。这样，人才能创造绩效，组织才能实现目标，大家才能有高额回报。

所以，机制说到底是一种行为激励方式，目的是激活人，发挥人的价值。那就要为人量身定制，采取激励方式时因人而异。“千人千面”不仅是对顾客，对员工也是如此，要打破僵化的机制，不能千篇一律。有的人缺钱，那就多用钱去激励；有的人缺乏自律，那就用制度去约束；有的人缺乏能力，那就提供学习机会；有的人骄傲自满，那就应该让其面对真正的挑战；等等。总之，机制一定是灵活的，其本质上应该是一个激励系统。

在这一点上，公司千万不能图省事，以为“千篇一律”的成本比“千人千面”的成本要低，事实恰好相反，灵活的机制看似成本更高，但更多的是有效成本，僵化的机制看似成本低，但很大一部分是无效成本，因为没有对准人的需要，很多成本实际上被浪费了。越是在个性化的时代，企业就越需要多花心思为员工和顾客解决问题，付出值不值，取决于成效如何。此外，企业的做事方式还会传导，长期置身于僵化机制中的成员也会自然地用僵化的方式对待顾客。

事实上，在数字化时代实现“千人千面”，从技术的角度来看是完全可以实现的。应组建成员数据库，记录成员的特征和成长，包括性别、年龄、学历、培训经历、喜好等基本的人口统计学特征，以及工作年龄、组织工龄、职级增长、奖金变化、出勤变动、奖罚情况、绩效成长、工作伙伴成长、所属团队成长等成绩成长特征，还可以记录成员的工作属性、部门属性、工作需求和工作支持，甚至再增加一些数据挖掘技术把成员的更多人格特征数字化。通过对这些数据做相关性统计分析，就可以做出科学的判断，知道哪些因素是驱动人们努力做出成绩的关键。所以，跟很多人认为的相反，技术上是更容易突破的。

但更重要的是，要保持组织的精简，不能让组织过度庞大和低效，也就是说，不能一味迷恋组织规模的增长。企业越小，越容易实现“千人千面”，而大企业要保持灵活，就需要保持小单元作战。所以，严格来讲，组织能力不在于大小，而在于效率，组织可以大，但必须是一个灵活的大组织。一个灵活的大组织懂得用不同的方式对待不同的部门和单元，同时，不同的部门和单元又继续把这种灵活性带到组织一线，这就是大组织保持灵活的奥秘。因此，不要单纯依赖技术来处理管理问题，否则同样会变得僵化，有效的技术贡献必须建立在灵活的组织平台上。

以上6S就是组织的构成要件，三个事件要素是战略、结构以及文化，三个人员要素是职员、能力以及机制。除此之外还有一个S，它才是组织的灵魂，所有的要素都要归结到这个中心点上，这个要素就是共识（Shared Values），上述六个组织要素要深入人心，组织成员必须对此达成共识。

很多人以为，战略的事情老板知道就可以了，可是如果基层人员不理解公司战略一定会出现两个结果：一是整天不停地指点江山，不安心做自己的事情，因为觉得公司的战略不对；二是做不好自己的事情，因为不明白或者不清楚自己所做的事情对于公司的重要性，这样就看不到自己的意义。

所以，一定不要忘了最后一个最核心的组织要素：大家要达成共识。应该让每一个人都意识到自己的重要性，找到自己的存在感，并且明确价值导向，拥有行动的方向感。

战略、结构、文化、职员、能力、机制、共识，以这样系统的组织观念来看，我们的组织是否仍然有待成长呢？

所以，先树立正确的组织观，再一步一步行动，一点一点引导自己成长，组织这棵树一定会茁壮成长，甚至长成参天大树。

5D 文化理论：戴上 5D 眼镜看文化

5D 文化理论提供了一个系统看待文化的视角。就像电影有 2D、3D 一样，看文化，可以有 5D，也就是看呈现出来的五个维度：一是看等级差别，是大还是小；二是看人际关系，人和人的关系是紧密还是疏远；三是看变化意识，是敢于变化还是非常守旧；四是看性别搭配，是平衡还是失衡；五是看眼光长短，是目光短浅还是看事长远。戴上这副 5D 眼镜，我们就可以把一个企业的文化看得比较清楚了。当中，有四点特别需要我们注意。

一是别拿单一维度去评价对方。看文化时，不要只看其中的一点，并以自己看到的这一点作为依据去做判断，说这个企业的文化是什么样的。要知道，认识文化是一项很艰巨的工作，一方面，文化包含很多内容；另一方面，每一个文化内容的形成都有一定的历史积淀，文化是经过很长时间形成的，我们得去摸索这个企业的文化为什么是这个样子，如果读懂了，也许就不会去否定了。因此，文化需要理解，即便认识了某一点文化，也不能以偏概全，更不能抓住别人的“小尾巴”不放，否则只能说明自己视野狭窄。

二是要知道我们在看谁的文化。在看文化的时候，可以看一个社会或国家的文化，可以看一个组织或企业的文化，可以看一个团队的文化，也可以看一个人的文化。这意味着，这副5D眼镜的应用是很广的，可以拿来看不同的国家、不同的企业、不同的人等。

三是要注意文化能用不同来形容，但不能用对错去判断。我们可以拿眼镜来看不同的国家、不同的企业、不同的人，但注意，看到的是不同，不是对错。文化不能用对错来评判，而能用不同来形容。如果用对错来形容，不同的文化就没有办法融合，在文化当中，不存在一方歼灭另一方的事情。如果不懂得这一点，一个企业再有钱，做并购也一定无法成功。

四是要整合文化得看到相同的地方。很多人不明白为什么非要用这么多的维度来看文化，其中一个非常有意思的用意在于，让你用这么多的维度去看，其实是帮助你找到相同点。这个维度不行，就尝试另外的维度，总之，得找到双方有共识的地方。事实上，文化是生存的法则，虽然不同的地方因环境不同而会有不同的文化，但都要生存，一定可以找到共性。找到文化的共性是彼此整合或者合作的前提，因为先找到突破口合在一起，就有了一个窗口，随着以后交流的增多，文化就有机会交融。

当然，文化没有对错并不意味着不需要改变。拿企业来说，要发展得更好，离不开支撑自己发展得更好的文化。在文化上，我们必须找到适合当下、适合企业生存的方式。

在等级观念维度上，今天的年轻人是在相对开放的时代下成长起来的，因此，组织的等级制度不能过于严苛，要扁平、要灵活、要有年轻人的舞台、要有年轻人的成长空间。在人与人的关系维度上，当下每个人的能力更强了，但是生存的挑战也更大了，所以，大家更要抱团取暖。在对变化的接受维度上，当下的环境变化很快，变得慢等于守旧，这要求我们更敏锐，更能适应环境的动态变化。在眼光长短的维度上，企业要生存，总要有现有业务创造利润，同时还要培养新的业务面对未来。

此外，我们要特别理解性别搭配维度的管理智慧。在今天，性别搭配不仅是说要让更多的男性或者女性取得成就，从而获得数量上的均衡，对于企业管理来说，更有意思的是，这是一种运用男女性别气质的平衡艺术，因为刚柔并济可以帮助企业取得更好的绩效。

例如，企业有 CEO 对绩效负责，但同时也可以有政委来关心人，一个当“爸”，一个当“妈”，让那些辛苦奋战在一线的工作人员感受到公司的温暖。同样，一个企业提倡老鹰的精神，有“鹰爸”，但别忘了也要有“鹰妈”，这样，基层人员才不会缺失爱，更重要的是，还会带来不一样的智慧。我们应接受或者意识到，性别单一和气质单一是有局限的，就像是缺少了某些重要的营养元素，可能会导致企业营养不良，制约企业的成长。因此，在企业成长的舞台上，要充分利用性别的协同智慧和力量。

事实上，这样的做法也比较适合中国社会的文化，因为我们的文化比较提倡陪伴，甚至比较害怕孤独，比较喜欢成双成对。“男女搭配，干活不累”看似是一句玩笑话，实际上有智慧和功能的互助互补在里面。这种社会文化是企业的文化根基，是生成有效男女搭配文化的基础条件和机会。因为人们心中有这样的意愿和需要，所以企业要善于把性别搭配的智慧和力量发挥到工作中。

如此一来，我们就把企业文化和社会文化结合起来了，从而让身处其中的人变得更好。一个人的文化实际上来源于自身的努力和环境的滋养。人起初就是一张白纸，人的文化是和环境交融在一起时留下的印记，组织和社会有责任留给人美好的印记，人也有责任为组织和社会贡献美好。所以，我们要戴上 5D 眼镜，发现并继续创造文化之美。

3I 知识理论：建设你的智库

3I 知识理论描述了当下一个人应该拥有的三种东西：想法（Idea）、信息（Information）、智慧（Intelligence）。要明白我们为什么必须拥有这三样事物，就需要知道背后的两个重要假设，或者说是时代的变化。

第一个假设是今天的工作者已经从工人变成了知识工作者。即便是所谓的蓝领工作者，要做出成绩，也必须是一个有思想的知识工作者。

财务会计当中用"折旧"来说明产品的价值损耗，一般有两种折旧类型：一种是因为用的时间长了，东西变旧了，所以不值钱了；另一种是因为技术进步太快，虽然产品还很新，但是已经面临淘汰，所以不值钱了。其中有意思的是，早年很多人学习财务会计时对第一种类型感触很深，但对第二种类型并没有太大的感触。因为早些年一件产品通常要用很长时间，直到用旧用坏，甚至还不舍得丢。但是，再来看看当下的年轻人，他们似乎对把产品用旧没有太多概念，反而是因为技术带来的快速更新换代，让大家对技术折旧深有感触。

这就是技术和知识进步带来的社会变革。因为知识的进步，人们的生活方式变了。今天哪怕再有工匠精神，如果知识或技术含量不高，一定是在产品还没有用坏的时候，消费者就会很快放弃，甚至消费者根本不会选择。所以，这个时代没人敢说自己只是一个工人，或者是单纯的工匠，而必须是一个有灵魂的工作者，一定不能闷头做一门手艺，必须让手艺跟上时代的脉搏。这就要求我们在工作或者手艺当中融入思想、信息和智慧，不仅成为一个工作者，还要成为一个工作艺术家。

第二个假设是今天的组织更依赖于个体。回看整个组织结构的演化，趋势一定是从集权趋向于分权，从一切权力集合在老板那里到权力不断分散到组织内部的个体，如事业部和小业务单元，甚至是扩散到组织外围的个体，如虚拟组织。一个组织要真正完成这个时代给予的重大挑战，必须全力依赖于一切个体，包括公司中的年轻人以及公司外部的优秀人才。

这种现象说明了什么呢？这意味着，组织和个体已经开始趋于平衡了，双方已经是平等的关系，甚至真正优秀的个体会成为非常稀缺的资源，组织会去抢这样的资源。

这时候我们就会看到，有的人在拼命地找工作，而有的工作则在拼命地找人，差别在哪里？核心一定在人。所以，作为个体，需要做的是赋予自己意义，让自己变得更加优秀，从而成为组织珍惜甚至是去争抢的资源。

在这两个前提之下，我们必须做出改变，要在数字化时代更好地生存，就要具备三样东西，一是想法，二是信息，三是智慧，三位一体，缺一不可。

有的人很有想法，但是并不知道社会需要什么，只是一个人异想天开，最后可能一事无成，因为没有信息和智慧。有的人到处网罗信息，可是并不知道怎么运用这些信息，既没有想法也没有智慧，结果只能让信息压得喘不过气来。当然，智慧这个词很宽泛，但至少应具备一点，那就是要有知识，并且要有日积月累的丰厚知识。如果一个人一心只读圣贤书，两耳不闻窗外事，就会和知识的价值隔离。

因此，当我们在不断充实自己时，要问自己有没有想法，有没有信息，有没有智慧，这三样事物会构成一个人的“智库”。企业和人一样，不能自以为是，要不断感受环境的气息，找到自己想要的生存方式和价值，并且不断去吸收能够帮助自己达成这种意图的知识。

最后，其实还有一项更为关键，那就是行动，所有的目标必须要有行动才能实现。智库并不是一个存储设备，必须要拿来运用。所以，从现在开始，用想法、信息、智慧、行动来建立自己的智库吧。

如果你拥有这样的智库，一定不会担心被人工智能（AI）淘汰，因为 AI 再怎么跑，都跑不出 3I 的掌心。

4P 营销理论：联合出击，拳拳到肉

4P 营销理论描绘了一套营销工作的组合拳，即产品（Product）、价格（Price）、渠道（Place）、促销（Promotion）。当然，这套组合拳要真正产生力道，得从顾客角度出发，从而拳拳到肉，否则只会放空炮。因此，营销不是卖东西，而是让顾客买东西，这是理解营销的前提。

一是要让顾客买得好。这是拳头产品的根本要求，也就是说，到顾客手里的东西必须得是顾客喜欢的东西，品质要好。

这意味着营销人员的首要责任是吃透产品，而吃透产品的唯一标准就是把产品的亮点和顾客的痛点建立连接，即找到产品亮点和顾客痛点的匹配点。对于亮点和痛点，营销人员不能只懂其一，重点在于匹配。当营销人员不断按照“亮点–痛点匹配”的思维方式去思考问题时，就会找到营销工作的突破口。

二是要让顾客买得起。很多人可能会以为买得好和买得起是矛盾的，因为如果把东西做好，成本就高。就像是成本领先和差异化策略的矛盾一样，要想把东西做出花样，成本优势可能就保不住了。

不过在这件事情上，我们得首先接受一个现实：不管如何，东西得让人买得起才行。如果接受这个现实，就会逼着我们想办法在保证品质的同时控制价格，用相对低的价格提供好产品。对于品质和价格来说，二者并非不可兼备，只是我们没有真正用心去思考平衡点。

如果总是和对手一起停留在红海的缠斗当中，实际上就已经偏离了顾客，而所谓的差异化只是相对于对手的差异化，但这种差异化未必是顾客真正想要的。这个时候，钱花了等于白花，顾客不会买账。因此，要重新定义差异化，一定不是相比对手的差异化，而是在高效解决问题或者高效创造价值上的差异化。真正的差异化不是看不同，而是看创造价值的效率，谁能更精准地把握顾客价值，谁的效率就更高。

千万不要在顾客身上花冤枉钱。有的马戏团花很高的价钱并且冒着很大的生命危险和道德风险去训练猛兽，可是到头来还不如一个走心的故事卖座。一些大片花了很多钱，最后发现还赚不过一部小成本电影。所以，蓝海只在顾客那里。如果真的是聚焦顾客的话，那就只想顾客的事情，对于顾客不喜欢的东西，再新鲜好玩都要拿掉，这样就会省下成本。

不论是顾客还是企业，都不能花冤枉钱。我们的钱都是一分一分挣来的，投资人的钱也是如此，花钱要珍惜，每一分要花到点子上才行。所以要切记，在成本上，我们不需要拼成本，也不需要拼投资和拼预算，要看的只有成本可以创造的价值，而成本的价值一定来源于对顾客价值的专注。

一个敏锐的营销者，能目不转睛地盯着蓝海看，同时，眼睛里还散发着蓝光。要不断去想什么东西不贵又能满足顾客所需，并迅速捕捉到位，而这正是我们的眼光与顾客心海的交融之处，是我们梦寐以求的地方。低成本和差异化就在这里相遇了，低价格和高品质也在这里形成了。从根本上讲，业绩只是结果，真正体现营销专业水平的是营销者的反应能力——火眼金睛、一针见血，在这个基础上，自然会捕捉到“高质量的业绩”，这种业绩有销量还有利润，顾客的利益也能得到保障。

因此，在价格部分我们讲的是让顾客买得起，而从本质上讲，“有竞争力的价格”实际上代表着我们的有效成本，这种成本可以称为“精准成本”。在精准成本当中，所有的投入必须要精确对准顾客的真实需要，并且投入本身也必须是高效的、没有浪费的，是那些不高但又能满足顾客需要的成本，这时的成本才是有价值的。

越偏离精准成本，浪费就越多，价格也会虚高。这些浪费不能转嫁给顾客，一旦顾客发现一些不必要的花费是由企业转嫁过去的，顾客就会想办法在下次剔除这些成本浪费，所以就有可能把企业拉入“黑名单”。相反，成本精准时会给顾客带来意想不到的惊喜，会让顾客觉得自己的花费很值，并对企业产生信任。

这样看来，如果把让顾客买得好和买得起放在一起，实际上就是让顾客买得值，这一点至关重要。让顾客花的每一分钱都值，同时，让企业自己花的每一分钱也都值，精准而没有浪费，这就是顾客价值和企业价值的最大化，同时实现顾客和企业两者价值的最大化才是真正的价值最大化。因此，对于价格来说，要让顾客买得起，更要让顾客买得值。

三是要让顾客买得到。没有渠道，再好的产品顾客也买不到，换句话说，没有渠道，产品再好也卖不出去。这就是渠道的重要性所在。这提示我们，要尊重渠道，要不断思考谁是我们的渠道，不论是企业还是人，渠道都是我们的重要合作伙伴。因此，对于产品而言，渠道本质上是合作伙伴。

当然，也要提醒渠道本身，同样要尊重做产品的人。因为再好的渠道，没有产品，也无济于事。因此，对于渠道来说，虽然在供应端，但实质上也是顾客，因为渠道需要产品，否则就不是渠道，终端顾客也不会光顾。渠道必须成为一个可以吸纳产品和顾客的大舞台，渠道商一定要清楚这个本质。

除了知道谁是我们的渠道之外，我们不妨多问一句，我们是谁的渠道？思考这个问题也会发现我们自己存在的价值，知道我们可以帮助谁成就更大的价值。如果这样问，就会发现，营销可能是研发的渠道，营销人员也会意识到自己对于研发的帮助，如可以反馈重要信息。当然，研发人员也要问，谁是自己的渠道，当知道营销是自己的渠道时就会更加注意与营销的合作。

因此，营销理论显然不只是营销人员需要了解的，并不是营销人员的专利，各个部门的人员都需要，因为都有实现自己价值的需要，同时又都需要借助渠道和伙伴来呈现自己的价值。

四是要让顾客买得乐意。今天已经不是一个推销的年代了，业务员再会说话，也不如产品会说话。顾客的忠诚度只取决于自己乐不乐意，因为顾客有自由选择的权利，产品越多，顾客的选择越多，顾客的话语权越大。

我们只需要在意顾客的内心感受，就像是在意企业成员的幸福感一样。当顾客因为我们而变得更加幸福时，这种感觉会变成最好的宣传。千万不要开始讲得很好，最后让顾客失望，这样会适得其反。如果做的价格促销最后顾客发现并不便宜，那么不仅是带来一份失望，更是丢失了一份信任。

要让顾客乐意，企业得有主意。企业必须有自己的主见，不能一味地迁就顾客。顾客乐意与否只有一个标准，就是有没有解决自己的问题，所以让顾客乐意未必等于完全按照顾客的意愿去做，因为企业比顾客更懂产品和技术，企业的重心在于找到顾客的关键问题，并用最高效的产品和服务方式解决。

所以，在产品和服务设计上，不是顾客说什么就是什么，而是要知道话里有话，发现顾客的真实问题和意图，这才是真正地动脑筋听话。这意味着，企业和营销人员都必须有足够的底气，如果企业没有扎实的技术，营销人员对于技术一无所知，对于产品没有深刻的认识，实际上是没有办法和顾客有效对话的。换句话说，如果这些要求企业和营销人员都可以做到，那就拥有了和顾客有效对话的底气和信心。所以，有主见不代表和顾客发生冲撞，不代表和顾客争吵，更不代表刻意反其道而行之，而是有理有据，让顾客相信自己的主见，让顾客真正放心。

顾客乐意，就是好口碑。要特别注意，在互联网时代，产品口碑是最高效的宣传方式，当然，如果口碑崩塌，也是拖累甚至推倒企业的最快方式。当顾客口碑搭上互联网的快车，就会呈现出指数级的爆发力。金杯银杯不如老百姓的口碑，这句话在互联网时代更应该受到足够的重视，成为企业经营的准则。

如果我们懂得营销的内容，就会明白营销部门及其职能与其余部门及其职能的关系，也会知道营销在组织中的位置。

有的时候战略决策者会和营销者走得很近，甚至营销部的负责人就是公司的重要战略决策者，原因只有一个，就是营销者离顾客最近。知道了这一点就会清楚，大家根本不用争风吃醋，也不用抵触谁，因为顾客才是真正的红人，大家的目标是一致的。与此同时，营销部门又必须借助其余职能部门的赋能及组织与外部伙伴的合作能力，因为没有这些，就没有产品、价格、渠道、促销，更谈不上营销。这种情况在现实当中并不少见，如营销夸下海口，但是没有形成有效合作、得不到充分赋能，最后变成了营销“吹牛”，给顾客描绘得很好的产品让顾客非常失望，造成了不好的口碑，这对企业的伤害是非常大的。

所以，从根本上说，营销做的实际上是一份整合工作。营销连接着顾客和企业，营销不能有私心，只能一门心思地考虑如何借力实现顾客价值，只有这样顾客和企业才能心连心，企业和内外部伙伴才能心连心。

如果说研发是企业的心脏，那营销就是企业的心灵，财务、人力、生产等重要职能如同充满肌肉的四肢，外部合作伙伴则是手足，最后，大家联合起来，才能打出一套漂亮的组合拳。

5F 产业理论：以顾客为中心统一战线

5F 产业理论为我们系统展示了一个产业的格局，这个格局由五个因素构成，分别位于上下左右中。左边是供应商或者卖方，右边是经销商或者买方，中间就是自己和现有同行，上边是新的同行，下边是替代品，是有可能颠覆整个产业或者让产业重新洗牌的因素。

这五个因素决定着整个产业的格局，不过，现实中不少人对这五个因素本身的认知存在局限，以为这个格局只是告诉了我们谁大谁小，告诉了我们行业竞争的激烈程度，由此来判断这个产业到底好不好生存，到底值不值得去做。然而，更重要的是必须清楚怎么让自己在产业中持续拥有竞争力，甚至要带动产业发展，不断拉大产业格局，而不是让产业渐渐变小，更不是让自己在产业洗牌的过程中被淘汰。

这就要求我们对产业有更深的理解。事实上，在整个产业格局当中，最大的问题就是那些不起眼的替代品或者新手，当然，也包括现有对手中的一些劲敌。如果我们小看了，那这就是一个埋藏的大 Bug，而如果我们感受到了但又不知所措，无能为力，那这就成了一个大 Boss，有可能成为接下来的统治者。

不过，应对方法还是有的，而且就在我们身边，答案就在整个产业格局里面。

所以，首先要接受，坦然面对。其实新品和替代品无处不在，但也不要大惊小怪，顾客才是我们要看的对象。坦然接受反而会激励我们前进，因为知道有这些搅局者在，所以自己更要对顾客好一些。其次，不要不知所措，而应该平静下来，想办法，做好自己并聚合能量。具体有三种方法。

一是自我调整。这一点实际上应该是我们随时在做的，不是看对手或者潜在对手在做什么，而是始终跟着顾客的变化调整自己。当我们牢牢地站在顾客身边时，其实是没有任何替代品或者对手可以撼动我们的。

所以，自我调整是根本，是一切力量的源泉。在这个部分，如果我们自己不注意调整，顾客就会抛弃我们，我们将一无所有。

二是利用价值链的力量。要改变可能存在的不良习惯，对于供应商和经销商，不要用谁大谁小去评判，更不要仗势欺人，去打压对方，一定要联合起来。要知道，替代品或新手一旦冲进来，冲掉的有可能是一个链条，如果你的这个链条本身就很松懈，到处是漏洞和矛盾，那么就很容易被冲破；反之，当我们整条价值链紧密结合在一起相互帮扶的时候，就起到了加固作用。当然，前提还是不能脱离顾客。

要注意，价值链上谁弱、谁遇到困难，其实都会影响到自己，这时就要出手帮一把，因为帮的是整个链条，顾客也会从中受益。如遇到经济危机的时候，大家都不赚钱，一些小的企业可能顶不住，如果链条上的大企业可以帮助小企业活下去，那么经济复苏时，就是大企业的丰收之时。如果我们是这样的价值链成员，就会有很多伙伴愿意和我们在一起。

另外要注意的是，要避免在短时间内借助资本极速拉长价值链，因为这个时候价值链根本没有时间来消化资本。当价值链被资本迅速拉长时，有点像我们用大力去硬扯一根皮筋，这根皮筋看着好像是被拉长了，但事实上长度是有了，身子骨却非常薄弱，一不小心就会断开。硬生生把链条极速拉长的资本对于链条成长而言无异于“激素”，而不是健康的养分。所以，要注意价值链的力道要扎实，否则承受过大压力时就会爆裂。

三是动用价值网络。事实上，替代品或者新品也有可能聚合起很大的力量。如果我们要在价值链之外再增加一条防线的话，那就要动用价值网络了，而其中有一个很特别的元素，就是去找互补品，并且要先人一步统一战线。如果你的企业从来没有和互补品构建价值网络的意识，反而被替代品或新品先拉走互补品，率先建立起超级价值网络，那么企业就很可能被击垮。

所以，我们做企业，不仅要知道自己做什么，还要知道自己可以联合谁一起贡献顾客价值，也就是要知道补充我们顾客价值的产品是什么，同样，自己也可以补充对方贡献顾客价值的能力，这就叫作互补品。做硬件的一定要有做软件的朋友，或者自己软硬件都做。手机和软件就是一对好友，但是，如果手机跟不上软件的发展，软件就有可能去找别的新朋友。

懂得这三点，就会明白为什么可乐和汉堡产业始终都非常坚固。一方面，可乐和汉堡巨头们本身都在变，不论是本地化改变还是传递的价值观的升级；另一方面，可乐和汉堡巨头们始终在维系着各自的价值链，更重要的是，可乐和汉堡还联合起来组建了共同的顾客价值方案，也就是我们都知道的"套餐"，两者的巨大协同力量就在这份看似不起眼的套餐里面。

如果我们读懂了两个看似非常简单的价值网络系统——可口可乐和麦当劳，以及百事可乐和肯德基，就会明白产业的真正意义，就会知道真正的产业格局是什么。所以，不怕双足鼎立，或者多足鼎立，这样的竞争格局反而是积极的生态，因为都在努力让自己和彼此更好，这种好最终会传递到顾客身上。

当我们和替代品或者新手都可以做到以上几点时，实际上是把产业格局做大了。这时，上边的新手和藏在下边的替代品都成了现有同行，但此刻不要掉以轻心，因为新一轮的循环又开始了。也许，在我们的上下方，新手和替代品正在摩拳擦掌，而我们对于自己和产业的维护与发展工作也将持续进行。这场持久战才刚刚开始。

最后，别忘了，自己也可以替代别人，也可以是别人的互补品。跳出产业格局的自我中心，那个格局才是真正的大格局。

BRT 创业理论：理性创业

BRT 创业理论为我们展现了创业的三个基本要素：事业（Business）或者说是商业机会、资源（Resource）、团队（Team）。当然，团队实际上是一种特殊的资源，是人力资源的一种呈现形式。因此，从本质上说，创业的核心要素有两个，一个是事业，另一个是资源。要创业，毫无疑问，首先得有事业，知道要做什么，当中的商业机会是什么，另外还要有资源。

但事实上，这里面还暗含了创业者的两种心态，一种是热情，另一种是冷静。创业有时候是一股脑冲上去的，有时候是被很多人或者周遭的风气给煽动上去的，还有的是因为羡慕而去做的，但这些都只是热情，创业更需要冷静，需要理性。

事实上，根据创业的两个核心要素，我们可以把创业者归为四种人，也许我们就是其中之一。

第一种人没有事业，也没有资源。我们千万不要小看或者忽略这种情况，事实上，今天很多的创业者就处在这种情况，也许我们自己也是这样。如果你既没有商机，又没有资源，那么不建议你直接去创业，建议你先去工作，通过工作学习和积累这两样东西，这样创业才有可能启动。

第二种人有事业，但是没有资源。这种人是比较标准的创业者，因为找到了一个好的商业机会，接下来的重点就是围绕商业机会来寻找资源。不过这里面仍然存在一个真伪的问题，如果你的事业找不到资源，如找不到事业投资人，找不到事业合伙人，就说明你的事业是有问题的，至少在现阶段是不成熟的，还需要打磨。这个时候就有可能要重新回到第一种人，再度学习和积累，之后再创业。

第三种人没有事业，但是有资源。这样的人比较特殊，但是也并不少见，如二代接班人，或者通过一段时间的工作积累了一些财富的人。在这种情况下，可以有两种选择：一是不去创业，如对于二代接班人来说，如果没有新的商机，不必去开创新的事业，能接好班，也是二次创业；二是选择事业合伙人，因为你有资源，所以要特别在意合伙人的商业头脑和逻辑，若选对了人，也可以一起创业。

第四种人是有事业，也有资源。这类人是最高水平的创业者，因为既懂得经商，又拥有资本。这个时候除了可以像标准创业者一样创业之外，建议做创业者背后的创业者，因为你可以根据商业逻辑判断和选择创业者，同时用资源来支撑创业者成就事业，这样就可以更加提升资源的利用效率。很多大企业家、高级经理人和资本机构都可以做这样的事情，而对于企业家来说，可以在内部鼓励创业，也可以在外部重新组建战队。

如果我们懂得这样的创业逻辑，就会知道，成功的创业者实际上是一步一步走过来的，要创业，得让自己在事业和资源中先学习或者积累，然后再慢慢成长起来。没有一番积累，就不会成就大业。

此外，懂得了这个逻辑也会清楚，真正的商机和资源一定是匹配关系，这是我们撰写商业计划或者创业计划的核心逻辑。所以，关于一份创业计划，我们要回答四个问题：一是商机是什么；二是这个商机需要的资源是什么；三是目前距离这些资源还有多少差距；四是如何填补这些差距。这就是商业计划书的纲要。

最后，之所以把团队单列出来，实际上是要提醒创业者千万别把团队忘了，不要把什么事情都往自己身上扛，这不是一个聪明的创业者的做法。聪明的创业者一定知道自己的局限，不论是知识、技术、经验，还是特别容易忽略的时间因素，然后围绕自己所需要的伙伴去组建队伍。

创业者也别让自己忙得焦头烂额，必须保证自己做事的品质，而不是用“忙”来稀释自己的品质，否则自己一心想做的事业就可能失败。创业者需要和团队一起贡献品质，如果清楚这样的创业团队逻辑，就会知道，无论是自有资源还是外部资源，只要可以满足自己的创业需要就可以利用。

OPR 资源理论：全世界都是你的人力资源中心

OPR（Other People's Resources）资源理论提供给我们一个构建企业人力资源的新方向——外部人力资源。请先记住，这是一扇非常重要的窗户，会让我们看到不一样的广阔世界。

事实上，借助外部人力资源这个关键词，可以帮助企业建立一个系统认识资源和构建资源的框架。

人力资源是企业的一种非常特殊的资源，因为人力资源是知识和技能的载体。企业的资源可以分为人力资源和非人力资源，之所以要重视这个划分，是因为我们在谈论资源时首先想到的往往并不是人力资源，甚至会遗漏人力资源，忘记人力资源也是一种重要的资源。

另外，当我们构建企业人力资源的时候，还容易疏忽的是，默认人力资源就是内部人力资源，忘记了企业可以构建内外部人力资源。实际上，外部人力资源也可以成为企业人力资源的一部分，否则，企业就缺失了一部分非常宝贵的资源。试想，资金有自有资金和外部资金，人力资源为什么不能有内部人力资源和外部人力资源呢？

因此，企业可以运用四种资源创造价值，一是自有非人力资源，如自有现金、自有品牌；二是外部非人力资源，如外部资金、联合品牌；三是自有人力资源，也就是我们的内部工作团队；四是外部人力资源，也就是 OPR。

企业可用的人有两种，一种是内部人，另一种是外部人，不要只盯着内部人，还要去用外部人，如律师、会计师，而外部人更关键的作用在于，可以构成企业的智囊团。

对于企业实践者来说，无论是有效经营企业、管理企业，还是创业，都离不开企业管理的知识。外部人当中有一部分非常关键的人，即企业顾问，有的企业称为管理顾问，有的称为参谋长，还有的称为首席管理学家。企业实践者应善于利用企业顾问。

顾问表面上看是在增加成本，实质上是在节约成本，创造价值。顾问并非全职，同时，对于规模不大的企业，顾问可以成为正式董事会的替代，有助于组织精简，并对重大决策和复杂管理问题提供对策。另外，顾问还有可能成为经理人或者关键时刻的“救火英雄”，因为他们很了解企业并且在企业已经有了一定根基。当然，这一切的前提在于，顾问是有效的。

这就涉及顾问这个外部人生效的核心条件。很多企业聘请顾问成效不好，是因为没有考虑好以下两个因素。

一是选择顾问的依据。首要的是判断顾问是否具备两个条件，专业知识以及人际关系，其中，专业知识是必要条件。如果两个条件都不具备，或者都不够格，则顾问一定是无效的。因为企业聘请顾问通常有两个重要目的，一是借助其专业知识来解决专业问题，二是借助顾问的人脉关系或影响力来进一步提升企业的成长空间。

二是明确顾问的责任。事实上，顾问不能发挥效力的根本原因不是顾问的水平不行，而是顾问的责任心不够。当顾问不对企业负责任的时候，就可以大胆地、不负责任地说话。所以要懂得，顾问和咨询不一样的地方在于，企业聘请顾问不仅仅是咨询问题，更要保证绩效，这就是正式顾问和非正式顾问的区别，或者说是有效顾问和无效顾问的区别。一个正式的有效顾问，需要对企业绩效承担责任，这会倒逼顾问做出有效的贡献。因此，企业在运用这种外部人时一定要清楚这一点，先根据专业水准和影响力选择顾问，然后约定责任和报酬，将报酬和顾问绩效挂钩，这样一来，顾问一定会有效。

这时我们就会注意到，能力、责任和报酬变成了企业构建所有外部人力资源的关键，事实上，这和构建内部人力资源大同小异。我们只需要用能力、责任和报酬去确保人力资源的价值，根本不用去管人在哪里。

如果读懂了外部人力资源的精髓，你会发现，人力资源部门并不拘泥于企业内部，全世界都是你的人力资源中心。张开双手，就可以拥抱世界。

STP 市场理论：如何吃蛋糕

STP 市场理论告诉我们怎么选择市场和进入市场：先切分市场（Segment），再对准市场（Target），最后拿出价值定位（Position）进入市场。

在面对庞大的市场时，我们首先要接受的一个事实是，蛋糕再大，不全都是我们自己的，或者说，我们没有办法吃掉整个蛋糕，任何个体都无法做到这一点，这也不符合生态的基本逻辑。

第一步是把蛋糕切开。对市场做一个归类，把市场切成一小块一小块的细分市场，这样的小块蛋糕更容易入口。有四种方法来切分市场：

第一种方法就是按照产品划分。这也是最常见的分法，也是很多企业默认的选择方法。但是，我们不能盲目按照产品来分，这种分法有一个前提，即这些产品能够独立解决问题，不需要和其他产品混搭，否则，产品的边界本身就是模糊的，就不容易划分界限。按照产品划分市场对企业来说是一种相对初级的做法，随着产品能力的提升和品类的丰富，也可以有更多选择。

第二种方法是按照解决方案划分。这就开始站在用户的角度来切分蛋糕了，这种方法的前提条件是，产品本身不能独立解决用户的问题，而是依靠一系列产品组合成解决方案来解决用户的问题，当然，企业还要有条件提供产品组合。因此，当按照用户解决方案来划分市场的时候，就会把市场切分为不同的用户方案，而每个用户方案实际上代表了不同的产品组合。这个时候就要注意，当我们再提产品的时候，实际上指的是一整套解决方案。

解决方案的真正智慧在于挖掘产品的潜能。产品本身有可能是静止的，但是有效的解决方案能够让产品变活，发挥出产品的应用价值，更重要的是，激活产品之间的协同价值，让很多不能独立发挥价值或者不能独立产生竞争力的产品释放出价值，甚至让一些原本看似微不足道的产品发挥出意想不到的功效。有效的解决方案可以让产品从平凡变得不凡，让不起眼的产品重新绽放光芒，让每一个产品都变得重要。这就是我们设计解决方案的核心逻辑。因此，解决方案的本质是借助用户需求或者应用场景来发挥产品的协同价值。

第三种方法是按照地域划分。如市内市外、省内省外、华北华南、国内国际等，这样的区域划分也很常见。不过我们需要知道区域划分背后的逻辑，即用户数量的驱动。就顾客角度而言，区域首先代表的是人口数量。这也是中国会成为全世界企业都特别重视的区域，以及很多中国企业可以扬眉吐气的原因。当我们用心做好中国市场的时候，会自然得到世界舞台的尊重，因为已经占据了很大的份额，也容易形成资本驱动力。国内国际如此，城镇和乡村也是如此。

按照这个逻辑，我们可以重新定义地域，即地域代表的是用户的位置，确定地域实际上是明确用户在哪里。反过来说，如果企业可以在一个或者几个重镇安营扎寨，就会建立起重要的用户根基，以此为跳板有助于地域的延伸，或者连接几个重镇形成更大的区域模块，从而拥有更多的用户群体。此时，企业可以在这个更大的模块做密集纵深，也可以借助这个更大的成长跳板，继续进行一轮又一轮的版图扩张。

第四种方法是为用户画像。准确地说，这种方式才是真正按照用户来划分的，当然，前提是可以获得用户的数据。例如，我们可以看到各式各样的用户，可以根据价值观、学历、性别、年龄、收入等特征组合出不同的人群。这样，整个市场就可以归为几类用户。当然，这其中最为核心的还是用户价值观，这是用户的精神画像，是人物传神的部分。如果会画这个部分，就会找到自己真正的用户，进而找到真正适合这些人的价值方案。

当然，有的企业不会画用户画像或者完全不知道怎么来画，那怎么办？这里提供一个简单的方法，即先通过复盘的方式积累用户画像，例如，用心分析自己的现有客户，或者想想以往客户的特征，然后把客户的样子画出来，这样就会摸索到画像的方法。人见多了，画多了，自然会得到一些规律和画像的基本元素。价值观、喜好、收入、突出的性格特点、理性、感性、关键问题、痛点、需求场景、需求阶段等，这些都是用户的“相貌”或者“样貌”特征。运用该方法，再由面向过去转为面向未来，想象未来的用户模样就可以了。这个过程一定要亲自去做，亲自去画，不断积累经验，从而越来越得心应手。如果不画，就只能是空白。

如果会画像，就好像识破了大千世界当中形形色色的人，并且能够发现自己的“意中人”在哪里，接下来就要真正去找“意中人”了。当然，也许“意中人”可能还不止一个，那就要理性地从中做出选择，也就是要找准合适的市场。这也意味着，不要一开始就把市场画得太小，限定的范围过窄，让自己没有什么可选择的余地。寻找市场不能太心急，别太急着下手，要先多看看市场，把市场理解好，再做选择。

第二步是对准目标市场。把整个蛋糕切开之后，就要去看看到底想吃哪一块，也就是要确定目标市场。

当然，也要理性分析这块蛋糕到底值不值得吃，也就是说，是否有利可图。所以，要先判断三点：一是蛋糕大小如何，看看这块市场的容量有多大。二是蛋糕是否还在变大，看看这块市场的增长前景如何，虽然今天看着不错，但明天呢？也许这块蛋糕已经过期或者马上就要过期了，只是表面上暂时还没有暴露出问题。在这种情况下，当我们真正接手或者把产品呈现在市场上时，市场的热度已经没有了。具体可以从过往的市场容量增长当中了解增长趋势，可以用一个很简单的标准来判断快慢，即如果低于 GDP 的增速，一般就算比较慢了，如果快一点点，行业可能会翻倍甚至更高。当然，也可以比照一下其余几块蛋糕的增速。三是竞争程度如何，如果蛋糕被几家大企业攥在手里，那么这块蛋糕会比较硬，要想分一杯羹就不容易。

总之，要找的还是有希望吃到的蛋糕，但也不是说有难度就不去吃了，重要的是把想吃的蛋糕确定下来，接下来要拿出价值定位去吃蛋糕。

第三步是明确价值定位。价值定位就是要找到行之有效的抢蛋糕方法，或者说，拿什么来赢得“意中人”的芳心。从用户最为敏感的价值要素价格来看，有三种价值定位方法：一是高价更高质，我卖的东西价格高，但是品质更高；二是平价高质，我的价格与市价持平，但是品质高人一等；三是低价平质，或者说低价不低质，我的价格低，但是品质不低。这三种价值定位方法都可以让我们生存下来，都会让我们与众不同。

反过来，我们也可以知道那些活不下来的价值定位：一是价高质不高；二是平价平质，价格虽然不贵，但是东西也很一般，平淡无奇；三是价低质更低。这三种方式对用户都没有什么好处，企业自然很难活下来，所以必须避开这三种定位。

因此，价值定位就是找到性价比方案，价格高中低都可以，重要的是，把相应的高品质呈现给顾客。当然，可以诗意一些，把品质用简明的文字描述出来，并且用广告强化的方式将其植入顾客心中，让自己的品牌在顾客心中占据一个位置，关键还得配上有效的产品。否则，顾客就不相信，自己就会被顾客丢到一边，更别说分蛋糕了。所以得重视价值定位，不要被顾客丢到荒郊野岭了还浑然不知。

此外，很多人不知道如何区隔产品，归根结底还是对产品的理解不够。在品质高低上有两种操作方法：一是产品本身的品质及附加值的组合；二是从解决方案的角度定义产品，将不同产品组合成不同价值的解决方案，而有的产品本身就可以拆解为不同的组件，这些组件也可以构成不同品质的产品。

总之，千万要提醒自己，“价位”可不单单指价格，而是“价值定位”。或者说，我们应该重新定义价位，即价位就是价值定位。其中，高价更高质、平价高质、低价平质是三种“价值正位”；价高质不高、平价平质、价低质更低是三种“价值偏位”。要时刻警惕和检查自己的位置正不正。

因此，高中低价都可能生存，也都可能灭亡，关键要看我们有没有站在正确的位置上。不论如何，我们要相信市场是公平的，顾客不选我们，一定是有更好的产品出现，一定是我们技不如人，是我们的位置不对。而那些被顾客选择的企业，一定是用心一步一步分析了市场。意识到这些，我们也同样可以做到，因为主动权在我们自己手里。

SWOT 环境理论：不是现状，而是差值

SWOT 环境理论给我们提供了一个看待环境的视角，这个视角很清晰，即优势（Strength）、劣势（Weakness）、机会（Opportunity）、威胁（Threat），所以被很多人熟知。不过，这恐怕是用得最多但同时也是被误用最多的理论了，甚至已经到了被滥用的程度。一些导师常常会头大，因为几乎所有的

EMBA、MBA学员，甚至本科生的论文当中都有这个理论。事实上，我们应该静下来分析是否真的理解了这个理论的本质，我们不怕理论被用，一个好的理论值得被广泛应用，但是得用对，否则就没有任何意义。

SWOT表面上看是四个要素，但其实只有两个要素，因为机会和威胁实际上是一个问题的两个方面，优势和劣势也是一个问题的两个方面。

机会和威胁代表环境的变化，面对同样的变化，自己抓住就是机会，抓不住被别人抓住就是威胁。所以，到底是机会还是威胁，得看自己能否把握好变化。

优势和劣势代表自身的成长，基于自己的现状或者现实情况，自己进步了就占优势，自己没进步别人进步了，自己就占劣势。久而久之，机会再多，也难免成为"烈士"。所以，到底是优势还是劣势，同样得看自己是否在提升。

如果懂得这个道理，就会发现SWOT本质上是在讲一个问题：差距。寻找自身和环境需求的差距，并做出填补，事情就成了。毕竟，我们的目的不是被变化淘汰，而是要把机会转化为现实。

因此，SWOT实际上是一个计算环境需求与内在实力差值的公式，即环境需求（O/T）-自身实力（S/W）=行动目标。这样公式就有了结果，这个差值结果代表了我们要努力争取的部分。如果只是认为SWOT代表了四个环境现象，那仅是表面认知，也无法获得有效的结论和采取有效的行动。

由此，真正的SWOT分析只需要两步。

第一步，看外部环境的变化，可以称为"借东风"或"借势"。

这里确实有东西南北中五个风口。东西南北分别是政策（Political）、经济（Economic）、社会（Social）、技术（Technological），即很多人熟知的大环境PEST，中间则是行业。所以，最为关键的是大环境以及行业的变化。我们一定要去看政策的导向，看经济增长的引擎，看社会生活方式的变化，看最前沿的技术，看行业的发展趋势。

第二步，做自我提升。

事实上，PEST 是在分析“天时”，行业是在分析“地利”，但究竟能否达到真正的天时地利，取决于最后的“人和”，也就是我们自己。

所以，真正会看“天相”的企业一定不是简单地去看政策导向、经济趋向、社会变化和前沿技术，而是去问：应该怎样做才能赢得政策的支持，应该怎样做才能搭上经济增长的快车，应该怎样做才能把自己的产品和人们生活方式的变化融合在一起，应该怎样做才能把前沿技术和自己的技术系统结合起来为顾客创造价值。而站在行业角度，要问：当行业发生改变之后，要在新的行业当中立足或胜出，关键是什么。

解答完这五个问题，就把答案总结为两样东西，一个是资源，另一个是能力。这两样东西，就是我们梦寐以求的法宝。

总结完之后，要将自己的现有资源和能力，与要赢得天时地利的目标资源和能力进行对照，这样一来，差距就出来了。我们要做的，就是围绕目标，填补这个差距而已。

当把差距填补上之后，就按照之前五个问题的答案去做，这样东西南北中的所有风力都会聚合在你身上，你就会站在真正的风口。

事实上，我们能飞起来、飞得高，不是因为轻，而是因为风力足够大。太轻的话永远只能被一阵阵小风吹来吹去，还没等到走上风口，就已经被吹得东倒西歪，甚至不知去向。所以，要站在风口，反而需要我们自身增加分量。

因此，做 SWOT 分析，永远不能停留在存量上，不能简单地拿这个工具来分析现状，这是很多学习者和实践者最容易出错的地方。恰恰相反，应该寻找的是差距，应该得出的是增量。

当然，还有一种特例，有人说，我连自己做什么都不知道，自己有什么也不知道，那怎么办呢？那就干脆从零做起，因为你的存量就是零。环境要求你做什么你就做什么，要求你具备什么样的资源和能力，你就要努力找到或者学习到这样的资源和能力，除此之外，别无选择。否则，就会一直是零，停止不前。

此外，当资源和能力已经被环境的变化淘汰时，也要及时清零。否则，留着这样的资源和能力，就会成为负担，反而会在我们努力填补差距的道路上增添阻力，甚至把我们拽向深渊。所以要切记，可以有存量，但必须是正能量。

PIMS 利润理论：寻找利润源

PIMS（Profit Impact of Market Strategies）利润理论告诉我们利润从哪里来。企业的利润主要来自两大方面，一个是战略，另一个是市场。这意味着，我们要想获得利润，战略得对，市场得有。

事实上，在判断利润的时候，我们不能仅从收入和成本的角度去看，虽然这是计算利润的基本公式，但经营企业不等于计算数学题，必须要转化成真实的要素。这就要求我们知道决定收入和成本的真实要素是什么，正是这些真实的要素在影响着利润的高低。当我们去提升企业利润的时候，只有找到这些真实的要素，才能真正地触动利润。

第一个要素是定位。这是战略性的要素，重点在于研究所属行业是否真的拥有利润空间。如果这个行业已经不行了，已经变得非常微利，那么我们就要重新定位，否则很可能无力回天。所以，必须找到有利可图的行业。其中有两种情况：①如果你所在产业环节的利润已经变得稀薄，那就向产业链条上利润更厚的方向前进；②如果整个产业已经走到夕阳状态，那就要彻底转型，进入新的行业。这些动作要事先做出，若等到整个产业状态明确下来之后再去做可能为时已晚。要用增量提供新的利润源，但是增量起势需要时间，因此要提早准备增量，以免陷入存量不足的窘境。

所以，需要注意的是，不论哪种情况，都要先消耗资本。事实上，这个环节有可能短期并不赚钱，但却是为长期回报做准备的。一些人不太理解，认为有时候投资强度很大，但回报却不是很明显，或者说不成正比，原因就在于还不到时候。

所以要懂得，战略性要素的回报往往是长期的，否则就不叫战略了。作为投资人，如果沉不住气的话，实际上是少了一个利润来源点。作为投资人，要判断的是企业的定位究竟有没有在正道上。若老路不行就走一条新路，只要新路是正确的，就能得到回报。

第二个要素是效率。我们可以把效率看作一个战术性的要素。要快速提高利润，效率是关键。所以，短期利润并不能从战略性的要素中获取，而是要从战术性的要素中去争取。要提升短期利润，最直接的突破口就是提高生产效率。方法就是提升产能，降低生产、流程和物流过程中的浪费与损耗，把企业的生产效率释放出来，例如，该做技术和流程改进的做相应的改进，该引进技术人才的引进技术人才，该整顿或者关闭的落后厂房就进行相应的处理。有了这一系列动作，利润就会立竿见影。

第三个要素是市场增长。这个当然是市场性的要素，但这里有一个前提，即在原有定位没有问题的情况下才能沿着原有的定位做市场增长，用现有业务的收入增长来提供利润来源。现有业务的市场增长是短期利润的第二个直接来源。这里需要特别注意的是，不要走极端。一些企业醉心于全新业务的开发，却疏忽了当前的核心业务，最终核心业务没保住，而新业务也没做起来。所以，企业可以开发全新业务，但是必须建立在现有核心业务拥有竞争力的基础上，换言之，一定要把现有业务的空间和潜能开发出来。

在这一点上，如果懂得业务组合就可以找到增长的方向，让自己的核心产品在现有市场上不断渗透，同时把产品带入新的地域或者应用场景。例如，有些产品或部件以前只供应或者卖给自己，现在也卖给别人。总之，在这个环节，关注点就在于市场的拓展，当然，前提是产品定位没有问题，产品依然有自己的生存空间。

第四个要素是产品和服务的品质。这个要素也可以归到市场里面。品质是企业可以赢得利润的底线，同时又蕴含了利润提升的无限空间。千万要注意，在所有提升利润的活动中，产品和服务的品质一定不能受到影响。之所以这样提醒，是因为很多企业一动利润，产品和服务的品质就会下降。所以务必明确，提高利润不能从降低产品和服务的品质入手。否则，市场增长就会受到影响，因为消费者的习惯是去接受品质的不断提升而不是降低，这也是追求美好生活的自然向往。

提高利润不能从降低产品和服务的品质入手，却可以从提升产品和服务的品质入手，这符合人们对提升品质的向往。所以，关键点在于，我们提升的产品和服务品质为顾客创造了多少价值，为这份价值牺牲的代价只要在我们的预算范围之内，或者说只要可以负担得起，就可以走这条路径。如果不能提升品质，倒不如继续保持品质，不能靠降低品质换取利润，否则，企业会付出惨重的代价。品质对于企业和顾客来说，一定要成为增值的部分，不能成为减值的部分。

因此，在利润上，投资人、经营者和顾客从本质上讲并没有矛盾，关键是找到三者的共同核心。如果经营者能够选择对的事情，投资人就应该放心，同时，经营者要拿出利润给投资人回报，给顾客创造价值。所以，经营者还得依赖于效率的贡献，而顾客就很单纯，多数顾客不是喜欢投资人也不是喜欢经营者，而是喜欢产品和服务的品质与价格。因此，物美价廉就是顾客的利润。如果投资人可以安心让经营者做对的事情，同时，经营者可以有效率地为顾客贡献品质，结果一定是皆大欢喜。

PDCA质量理论：高品质的秘密

PDCA质量理论为我们展示了一套质量提升的路径，即从计划（Plan）、执行（Do）、检查（Check）到调整（Adjust），之后再回到计划，往复进行，从而让质量不断提升。事实上，这个理论今天被不少人熟知是因为其对计划工作的广泛影响，甚至被认为是一个计划工具，但本质上来讲，它是一套质量提升理论。这个理论启示我们，要提升质量，在操作层面应该注意四点。

第一，计划是品质提升的起点。很多人想把自己的工作做好，很多企业想把自己的产品做好，想把自己员工的素质提上去，但是不知道从哪里入手。事实上，提升品质的切入点就是计划。我们要改善自己的工作，改进自己的产品，提升自己的能力，第一步就是要做计划。因为有了计划，才知道自己想成为的样子，才知道怎么成为那样，才能判断最后有没有成为那样，才能知道下一步该怎么样。

所以，有了计划，我们才拥有改善的起点。如果有人说想改善自己，但是现在还没有任何计划，那将是无本之木。

第二，执行必须有标准。做完计划之后，必须要来取行动，否则，计划就没有任何意义。执行计划的关键在于，要有具体的标准。例如，要提升产品品质，需要知道具体要达到什么样的质量标准，达到这个质量标准的操作流程和要求是什么，其中的关键时间点和注意事项是什么，等等。如果没有这一套标准，执行的效率就会大大降低。

所以，我们一定得理解执行的目的。执行的目的就是确保计划的完成，而不是摸着石头过河，自己蹚出一条路来，那是创新和学习，而不是执行。执行的关键考核标准就是高效准确。

第三，检查执行过程。在这一点上，我们通常做得不够好的地方在于，虽然有检查工作，但只检查结果，这也是大多数人的习惯。事实上，检查必须重视过程，如果过程得到了认真执行，结果一般也会达到，并且是高质量的结果。反过来说，不见得结果达到了，结果的质量就高，或者说结果实现不代表过程就没有问题。

这样的情况我们见得并不少。如果环境部门只看年底要达到什么样的考核标准，或者只看全年的平均值，而疏忽了过程，就有可能导致虽然结果符合标准，但是过程中的问题全部被隐藏起来。例如，年底的环境非常好，但是上半年的环境却遭到了巨大破坏，最后结果的平均值是靠年底的火速赶工提上来的，那么这样的质量有效吗？企业的业绩也是如此，如果只是结果达标，而实际得到结果的过程中却有很多急功近利的行为，那么，虽然会一时获得利润，年终考核也看不出问题来，但也许第二年就会暴露出问题。因此，不要疏忽过程，要在意行走的印记，在意过程的品质，稳扎稳打。只有在过程当中给自己埋下善因，才能结出善果。

第四，检查之后一定要做改进。千万注意，检查工作不是例行公事，更不是领导者的视察工作，不需要放在光荣榜上去彰显，更不需要粉饰问题、遮遮掩掩。检查的工作很实在，就是找出真正的问题，把这些问题的解决方案总结出来，放在下一轮的计划当中，只有这样，新一轮的质量提升才能开始。

因此，质量是一点一滴提升的，如果每一次在计划的执行中都改进一点点，并持续进行下去，就会真正拥有好的品质。我们的自我改善、产品改善、工作改善、流程改善都是如此，改善必须和持续连接在一起。这种“持续改善”正是高品质的秘密。相反，千万不要每次都疏忽一点点，千万不要遮掩和粉饰不好的环节，因为长期忽视的结果一定是质量的大幅下滑。所以，要让品质在阳光下成长。

如果我们肯努力让自己坚持几次改善循环的话，一定会爱上这样的改善，因为每一次循环都让自己变得更好。而当我们把持续改善修炼成自己的行为习惯时，我们个人、公司以及社会的品质文化就会生成。

大到社会，小到个人，因为点滴的持续改善，就可以变得更好。

OGSM-T 计划理论：把路想通

OGSM-T 计划理论展示了一套系统的做计划的方法，涵盖目的（Objective）、目标（Goal）、策略（Strategy）、方法（Method）以及最终的行动方案（Tactic）。在弄清楚这个理论之前，得先知道计划是用来做什么的，以及企业中由谁做计划。

计划实际上是一个管理工具。管理活动的目标是想办法让工作做得更好，达到这一目标的最基础的方法就是计划。计划会界定工作的核心内容，以此为据，可以让工作有条不紊地进行。这样，谁需要做计划就很清楚了，答案也很明确，即谁都需要计划，只要有工作在身，只要想把工作做好。

所以，公司高层需要做计划，例如，用年度计划确保把三年或五年战略规划的第一步走好，在这个基础上做半年度、季度甚至月度的安排。然后，营销部门的工作人员要明确自己的担子，要想想怎么做才能担起这个担子。

研发部门、人力部门、财务部门、生产部门、行政部门及相关人员等也得盘算一下，今年需要贡献多少人、财、物、事才能满足公司的需求，还需要进一步想怎么来做出这些贡献，等等。这样下来，人人都有了计划。计划作为管理的首要职能和基础方法，也在提醒我们，一旦计划做出来，每个人都是一个自我管理者。

懂得了这些逻辑前提，就可以往计划里面填内容了。

第一项是填目的。首先要说明自己为什么要做这个计划，或者说，这个计划要解决的大事是什么。做计划的第一步是先把自己敲醒，不论是CEO还是各级部门和人员，需要先知道自己在做什么，一定不能稀里糊涂，否则工作就会一塌糊涂。

第二项是填目标。清楚了自己要做的事情，紧接着就要把事情要达到的目标明确下来。实际上可以问一个最简单的问题：这个事情怎么样才算做成？否则，无法判断自己有没有做成这件事情。

第三项是拆招。事实上，有些目标是自己设定的，有些目标是上面强压下来的，但是不管怎么说，完成目标一定不是一个轻快活儿。逆水行舟，不进则退，一个只会做轻快活儿的企业是很难活下去的。从本质上说，目标也不是上级分配的，而是环境“打”过来的。公司在环境里生存，就得经得起环境里的风吹雨打，环境“打”过来，公司要活下去，就得学会“拆招”。所以，就有了公司的生存战略，进而有了公司的计划，最后有了大家的计划。同样的道理，我们在公司里工作，如果自己不能接招，恐怕也很难生存。

确立了目标之后，公司上上下下就要开始拆招了。老板得想出关键的招数来做成今年的大事，各级人员也得想出完成目标的关键策略。

拆招最厉害的地方是见招拆招，而不是自己硬上。拿自己的现有能力去硬碰，一定不是有智慧的策略。坦白地说，如果是硬碰，那就不叫策略了，甚至只能说是不加思索的莽撞行为。事实上，我们现有的能力往往是不够的，或者说是不准的，很难接招。

要接住大招，也得拿出大招才行。如果公司今年要做到某个数值，而自己又实在没有这个能力，那就想想要不要去进行合并或者寻找合作，或者是不是需要打破现有的结构，从而激发出更大的成长潜能。做营销的如果东边不亮那就西边亮，换个地方或场景卖产品。做研发的、做人力的也是如此，招必须得接住，首先要找到接招的手法，如研发合作、引进人才、进行技术引进或技术提升等。

如果我们只是一味地怨天尤人，或者害怕目标，原地不动，不去想办法，最后就会被目标压垮。

第四项是填方法。方法就是要思考：怎么来进行自己的技术提升？怎么让自己的产品跨越地区或者扩大应用场景？和什么样的公司或人员合作以及怎么合作？业务、流程和结构应该如何重组？还缺什么人才和技术以及怎样补齐这些短板？这一切需要多少资金？资金从哪里来？等等。这些问题没有定式，只跟你要放出的“大招”有关，一定要找到拿出大招的方法。没有这些方法的支撑和推动，空有招数是没用的。

第五项是明确具体的行动方案并展开行动。例如，今天做什么，明天做什么，今天由谁来做，明天由谁来做，需要谁和谁一起来做，人员该怎样分工，怎样配合，等等。

说到底，计划是一个细致的工匠活儿，因为计划面对的是工作，而工作必须出品质。我们可以把做计划的套路忘掉，但是我们不能忘掉做计划的灵魂和内容。做计划时，要把我们想达成的目标和方法结合起来，通过一问一答，刨根问底，直到问题明朗。

对于这份细活儿，若你想到了，想通了，真正做事的时候路就通了。很多时候不是此路不通，而是此路我们没想通。想得通，才能行得通，计划也理应如此。

SMART 目标理论：小目标的学问

SMART 目标理论启发我们去思考目标的特点，换言之，目标应该有其特性，只有符合这种特性的目标对我们的提升才更有帮助。现实当中，不论是工作计划，还是生活中的奔头，总要有个目标。在设定目标的时候，要考虑以下五个方面：

一是目标要明确具体（Specific）。我们得看清楚目标才能实现目标。在这一环节有两个步骤，第一步是找到表达目标的指标，第二步是把这个指标的数字确定下来。所以，指标得对，指标对了之后，数字也得对。

在这一环节我们容易犯三类错误：第一类是没有指标；第二类是虽然有指标，但是没有找到关键指标；第三类是虽然指标对了，但是没有数字或者数字不对。第一类错误我们可以有意识地加以纠正，改掉不看指标的习惯，树立指标意识。后面两类错误可以借助接下来的目标特点来解决，让自己找到对的指标和确立对的数字。

二是目标要能激励自己（Motivational）。我们设立目标的时候，首先得清楚，目标有一个很关键的作用，即可以激励我们更加努力。每当自己想松懈的时候，目标要能给自己打气才行。所以，目标对自己要有意义，要有一定的挑战性，否则自己的劲头就会不足。

当然，在组织管理中，如果是给人安排目标，也要考虑到这一点，坦白说就是加两样东西，一是价值，二是奖励。加价值可以增加目标本身的意义，奖励则一定是这个人所看中的才行。

一个会管理的公司一定不是单独去做目标或者单独去做激励设计，而是把这两者结合起来，否则，目标的力量会大大降低，激励的有效性也会大打折扣。所以，必须要从激励的角度去设计目标，让目标本身就可以产生动力，这才是有效的设计逻辑。什么部门和人需要有什么样的目标并赋予什么样的奖励，把这些确定下来，才是有效的组织管理。

不过这些都是外部因素，对于我们自己来说，要懂得自我激励，哪怕这些外部因素不具备或者不够充分，自己也要坚定自己的目标，对于自己要做的事情给予足够的肯定。所以，要学会自己给自己补足动力，而这个部分的动力实际上是力大无穷的，只要我们自己愿意给。反过来说，如果我们自己没有意识到，或者不相信内在动力，不愿意给自己肯定和鼓励，那这个内在动力将无法发挥作用。当一个人的力量来源全部依赖于外界时，在现实当中得到的力量会非常有限，甚至会觉得力不从心。事实上，不是力不从心，而是自己的心力不足。如果懂得了这个道理就会发现，即便外部因素给得再多，最给力的还是自己。

因此，目标的激励性意味着，要把目标转化成自己真正认可的事情。对于自己设定的目标不要质疑，否则只会削弱目标的动力。与其把时间花在质疑上，不如用在肯定目标和实际行动上，只有这样才会内外兼得，迎来回报。

三是目标要考虑能力（Able）。这个看似不用多说，但却是误解比较多的地方。这里并不是说目标和能力的匹配，当目标和能力相匹配时得出的数字实际上是一个错误的数字，还有一部分人设定的目标全部都是在能力范围之内的，这两种做法得出的数字都不能称为目标，仅仅是对现有能力的诠释。

正确的目标数字是略高于现有能力的，原因只有一个，如果不这样，能力就无法提升。实现目标的意义不仅仅是数字得到了提升，而且包括我们在实现目标的过程中努力填补能力上的差距，最终使能力有了提升。

这样再往下定目标的时候，就进入了新一轮的循环，继续制定略高于这个能力的目标，往复下去，一个人的能力就会逐步得到提升。当然，很多人能力上不去，甚至不断下滑，原因也在这里，因为总是不愿意挑战自己。

所以，要把目标当成提升能力的重要方式。重点不是现有能力，而是能力提升。不论是人还是企业，如果想从当前水平升到更高一个水平，其中的差距就是我们努力的内容。

对于差距，可以用一个简单的方法来衡量。在等边三角形中，三角形的高代表现有能力，边长代表设定的目标，三角形的容量则代表我们可以获得的成果。要想有更大的成果，就要挑战大于现有能力的目标，完成之后能力就升级为边长，再以这个能力为高挑战新的边长，三角形就会变大。相反，若目标每次都是现有能力所及，三角形会越来越小，自己就会不断退步。因此，要在现有能力的基础上设定大于现有能力的边长目标，关键能力就变成了边长和高的差值。每次设定目标都补齐一点关键能力，企业和人就会一点点成长起来。长颈鹿的脖子就是这样一点一点变长的，而被淘汰的巨型物种虽然往往都有强大的现有能力，但是却因为缺乏变化的能力而渐渐消亡。聪明的物种会用目标来拉动能力的增长，让自己活下来并保持进步，人和企业也应如此。

因此，企业要在环境中生存和进步，就要设定出适应环境的目标，这个目标一定是有挑战性的，因为企业和人都在追求进步，不进则退。这样的企业目标也会落在每一个人身上，但是逻辑依然如此。所以，目标没有舒适区，如果目标只是停留在舒适区以内，我们就会在不知不觉中退步和退化。

要勇于走出舒适区，设定和承接有挑战的目标，与此同时，要及时补足能力。如果过去的能力欠账实在太多，那就要努力填补能力，但是不要违背人的生理规律，要是一个人短时间内无法补上，就想办法借力整合去填补。如果目标是有价值的，并且自己愿意分享目标的回报，总能有办法把缺口补上，在探索和想办法的过程中，自己就会步入成长的正轨。当然，目标本身可以通过合作来完成，但归根结底，具体的目标执行还是要落实到个人身上。所以，每一个团队成员必须提高自己的能力来支撑起自己的事业。

四是目标要有重要性排序（Ranking）。事实上，我们的目标往往不止一个，甚至会有很多的目标，所以问题就来了，其中一些目标可能并不是关键的目标，这样一来容易出现资源分配不合理的问题。不论是企业还是个人，我们的资源都是有限度的，一旦目标过多、过散，就会产生资源分配难题，而当掺杂了很多非关键目标的时候，关键目标的资源就可能得不到充分的供应和保障。

如果一个老板想把每一件事情和每一个人都照顾到，其实是不现实的。可是很多时候，我们的权力或者欲望驱使着我们想要太多的东西。这个时候，就要让自己平静下来，给各个目标排一个顺序。最后，在分配资源时，按照二八原则进行，把 80% 的资源投在 20% 的重要事情上面，这样，才能成就大事。

五是要给目标时间（Time）。这其中有两层意思，第一层意思是要有时间节点。很多人在定完目标之后就忘了写完成时间，这样的目标，哪怕前面考虑得再周全也不能称为真正的目标。没有时间节点，就没有办法评估工作效率，更重要的是，有些目标实现晚了就没意义了。

如果推迟三年才达到原本想实现的目标，那么即便这个目标数字做到了，这个数字本身的竞争力也已经没有了。很多企业说某个好产品今天自己也能做得到，可问题是，这个产品昨天别人就已经做出来了，即便现在做出来，也已经错过了进入市场的最好时机。我们生活中的很多遗憾又何尝不是这样，很多事情一拖再拖，最后做了，却为时已晚。如果这是一件该做的重要事情，请务必给予明确的时间节点，这是对重要事情的基本尊重。

第二层意思是，时间本身就是资源，而且是实现目标的最宝贵资源。所以，如果真正意识到这一点的话，一方面，老板要给成员时间去完成任务，要让时间滋养目标和任务，让目标和任务有时间成长；另一方面，成员也要珍惜时间，当我们的时间一旦处于工作时间时，这个时间就是完成工作的资源。

所以，很多时候不要总是抱怨老板没有给资源，也许已经给了，但是我们没有注意到，这个资源就是时间。还需要注意的是，千万别等到最后时间节点的时候才想到时间是宝贵的资源，那个时候的时间不再是可动用的资源，而是“死线”（Deadline）。

另外，别想太多，SMART 目标理论实际上就是告诉我们要简单一些，专注、专心做好一个个小目标，这样，才能赢得大成就。

OCEAN 人格理论：学会做人

OCEAN 人格理论为我们展示了五种人格特征，包括开放性（Open）、责任心（Conscience）、外向性（Extro）、合作性（Agree）、情绪稳定性（Neuro）。如果我们细心观察就会发现，这五种特征基本覆盖了我们身边各种各样的人。

有的人很开放，有的人有保守；有的人责任心很强，有的人责任心很差；有的人很外向，有的人很内向；有的人很容易理解别人的意图，很容易和别人合作，有的人则不能很好地理解身边的人，不太善于和人共事；有的人情绪很不稳定，时而高兴，时而郁闷，表现得非常明显，有的人则遇事冷静，总是能控制好自己的情绪。

我们之所以要学会看各种各样的人，原因在于一个人的性格和这个人的工作绩效相关。所以，管理者应该找到合适的人，而这个合适的人就是可以产生工作绩效的人，也要努力培养现有的人成为可以发挥工作绩效的人，这样不只是对企业好，也是对员工好。

这里有一个关键词：合适。我们不是在讨论哪个人好、哪个人不好，而是讨论对于工作来说，什么样的人合适，这是了解人格非常重要的一点。在五种人格特征当中，每一个人格特征都代表着性格截然不同的两种人，我们不能果断地说哪种人好或者不好，哪种人是对的或者是错的，因为人有天性，也有自由的个性。所以，有些生活方式是与生俱来的，我们不能用对错去评价；有些生活方式是人们的自由选择，个人有这个权利，我们也无从干涉。但是，当我们加上工作这个限定的时候就会发现，人不得不开始约束自己，甚至要让自己发生变化。

坦白说，看人不是目的，做人才是，要学会做人。

一个过于保守、内向、不太善于合作的人，一旦进入团队当中，就必须要改变自己，努力让自己变得更开放一些。之所以提这一点，是因为在现实当中有可能会出现这样的矛盾体，例如，虽然一个人的技术或者专业水准很高，但是这个人性格比较内向，不太善于合作。但是组织和团队总要发挥这个人的价值才行，而如果这个人真的比较难以改变，建议组织和团队先做出改变。也就是说，这个人可以内向，可以不开放，但是组织和团队不能对这个人不开放，要先包容和接纳这个人，向这个人敞开怀抱。当我们开放地去接纳这个人的时候，就会出现两个好的结果，一是这个人会慢慢地变得开放，二是这个人的技术价值可以贡献出来，这是非常关键的。

有的人很随意、任性，这种随性可以在生活中出现，但是在正式的工作中可能会制约一个人能力的发挥，因为要把工作做好，一定需要责任感，需要恒心和毅力。现实中也的确如此，如果一个人过于随性，就有可能不太容易找到工作。我们会从积极的一面说，这样的人或许更适合创业，但事实上，一旦创业就会发现，随性也会让他到处碰壁，因为创业的本质属性也是工作，并且创业的责任更重，因为要养活的已经不是自己，而是一个企业。如果一个人可以经受住这样的历练，就会获得成长。“过来人”会在工作和创业中丢掉随性，表现得更加理性和淡然，专心工作，从而做出成绩。

性格的改变的确需要时间，但是可长可短，由自己来定。我们不希望性格改变占用一个人太长时间，也不希望等所有的亏都吃了，或者几十年过后才去改变性格。当然，任何时候改变都是新的起点，只是如果我们可以更早、更快地改变岂不更好？这样就可以为自己赢得更多的时间去发挥性格的力量。因此，当我们有机会早一点去认知性格时，就要鼓励自己快一点改变。

人格是一个人的特点，是我们自己的特点，由我们自己来定义，由我们自己来左右。我们给自己什么样的定义，就会给自己什么样的人生。

最后，我们要记得，Ocean 的意思是大海，OCEAN 人格的真正寓意在于启示我们要有大海的胸襟，并努力学会如何在大海中畅游。某个地方、某个人、某个组织或者团队一开始可能不接纳我们，但是我们不能不接纳对方，我们完全可以敞开自己。当我们拥有这样的胸怀时，我们就会准确判断对方所需，就可以有效地改变或提升自己，让自己融入环境。

X-Y 理论：管理要发展人

X-Y 理论表达了对人性的两种看法，X 理论是性恶论，Y 理论是性善论。事实上，我们对于人性的看法将决定我们的管理方式，反过来，当我们看某种管理方式的时候，实际上也能看到背后的人性假设。但X–Y理论的深度远不止于此。

X–Y理论从三个层面来看人：从意愿上来看，X理论认为人是懒惰的，Y理论认为人是勤奋的；从能力上来看，X理论认为人是笨拙的，Y理论认为人是聪明的。很多人所认知的X–Y理论大概就是这两个方面，但是最根本的区别实际上是第三个层面，这才是对管理真正有意义的地方。

第三个层面是从变化的角度来看的，X理论认为人是不变的，认为本性难移，而Y理论认为人是可以改变的，是可以不断成长的。

如果真正懂得了X–Y理论的精髓，就一定不会单纯地以人性恶或人性善来决定管理方式。管理的目的并不是惩罚恶人，而是要让人成长，帮助人变成更加积极的人，做出善事，贡献出价值。所以，从本质上讲，X–Y理论告诉我们的核心管理意义应该是助人成长，让人向善。具体来说，有以下四种方式：

一是从管人到管事。这是非常重要的管理基础，在管理上，切不要对人性下定论，说哪个人是好的，哪个人是坏的，管理不需要这样去评判别人。管理只需要对事情下定论，要在意这个人有没有把事情做对，有没有用正确的方式做事情，这才是管理的管辖范围。

尤其是对于很多人以为的那个好人，管理者必须要牢记，好人要做出好事才有意义。所以，我们不能让一个有能力的好人不愿意在公司里做贡献，也不能让一个老实巴交的好人因为能力不够而不能做出贡献。管理要做的永远是帮人一把，让所谓的坏人或者说不够好的人成为好人，让好人做出好事，从而达到管理的目的。

因此，管理者的工作不是控制人，而是发展人，是让人做出业绩。

二是要善有善报。一个企业要保证人的成长，必须懂得为员工创造成长的氛围。换句话说，一个人能否变好，公司其实是可以影响的。关键在于，公司让人做好事，必须让做好事的人有好报。所以，无论如何，公司都要确保公平，这是激励一个人正向成长的最重要的力量。

三是要给人学习机会。其实，我们很多时候都忽略了一个让人成长的最基础的方式，那就是学习。一本书，一门课程，不管是有关心灵还是有关技术，也不管是关乎工作还是关乎生活，人一定会因此而成长。不仅自己可以成长，而且会去感化身边的人。一个人心中的美好一旦被激活，就会产生非常强大的行动力和感染力。

四是鼓励协作。不要让人孤军奋战，不要让人感到势单力薄，这可不只是一种感受，最可怕的结果是做不成事情，久而久之，会让人对周围环境产生负面看法，而周围人也会对这个人做出负面的假定。这样的人和事都不是我们想看到的，我们想看到的是大家携手共进、欣欣向荣的景象。

组织当中的协作主要有两个部分，一个是团队内部的协作，其协作标准只有一个，就是让人完成自己一个人做不成的事情。当每个人都是如此时，人就会对团队有感情，就会感到团队的好。另一个是团队之间的协作，实际上还是同样的道理，关键在于不论是团队内部还是团队之间，都要用积极的眼光看待彼此，相互正向理解，并且站在共同福祉上去思考问题，这样大家自然就会步调一致起来。

因此，管理的要义不是控制人，而是融合人。不论是人和人之间，还是组织和人之间，一定不是一方压制或者压倒另一方，而是真正的合作关系。如果我们可以这样看，彼此之间一定可以相互促进，共同发展。

Z 理论：企业的修为

Z 理论提醒企业，别只把眼光盯在人性的一面，也要放在企业的一面，也就是说，要看企业文化。对于一个组织来讲，在看人之前得想清楚，塑造企业竞争力需要什么样的风格，因为只有树立了组织风格，才能正确地引导人和发展人。所以，Z理论不是谈X人和Y人，而是谈Z组织；不是谈X人和Y人是什么样的，而是谈Z组织是什么样的；不是谈人性，而是谈组织文化。一个有竞争力的企业应该有四种风格：

一是重视品质。这里需要注意，重视人往往是我们看到的现象，也就是我们都知道的以人为本，但是逻辑上是重视品质。所以，人当然需要被重视，但是得拿出品质来才可以。也就是说，谁对企业的品质有所贡献，企业就对谁好；谁对顾客价值有所贡献，企业就对谁好；谁对企业的绩效有所贡献，企业就对谁好。这里的确有浓厚的绩效导向色彩，可是，如果企业不这样，又怎么能生存和表现出竞争力呢？产品的质量并不是测算出来的，而是源于对质量的重视。这是人和组织需要形成的第一个共识。

二是长期陪伴。重视品质多过重视人，这样来看一个好的企业似乎有些冷酷。但恰恰相反，好的企业实际上是充满温暖和仁义的。一个好的企业首先要活下来，就要去保证业绩，在此基础上，展现出长期的作为。而这种长期作为的实现需要企业长期陪伴大家的成长。好的企业用业绩帮助人们成长，在这个过程中会建立起企业与员工的信任关系，形成真正的伙伴，这些伙伴不论来自内部还是来自外部，都伴随企业一同成长。所以，一个好组织的特征不仅是业绩突出，而且总有值得信赖的伙伴相随。

三是变革和传承。一个好的企业要有维持生存的业绩，要有一路相随的伙伴，但为了保证这一切可以持续下去，还需要做出变革和传承。尤其是在面临企业更长时间的成长时，要经得住时代的考验，要担负起一代又一代人成长的责任，进行自上而下的更新。当进入下一个时代，从领导者到一线人员都必须跟上时代的变化；当下一代人成长起来，从领导者到一线人员都要让新一代人登上组织的舞台。

这是组织在时代中发展的规律。组织不仅要会发展人，培养出精英，更重要的是要会发展自己，让组织可以持续运转下去，这就需要保持变革和传承。

四是批判和包容。面对同样的环境，好的企业为什么可以做出变革？背后的重要驱动力正是自我批判。好的企业永远会觉得自己做得不够好，自己不会给自己打满分，因为总有改进的地方。好的企业不断做自我批评，并且从批评中不断改进。这也意味着，批评本身并不是目的，改进才是目的。

所以，好的企业讲的是完善，而不是完美。一个组织要创新，要进步，一定要学会包容不完美，懂得一点一点改进。当然，工作要严格，要尽善尽美，但是，如果刻意追求完美，不容许有任何错误和过失发生，那么大家的工作节奏会降下来，创新程度会降下来，努力信心也会降下来，结果，大家就很难成长起来。如果说存在完美，那也是从一点一点地完善而来。事实上，包容错误，是为了完美的出现。当然，包容错误不是放纵错误，而是看到错误中的收获和发现，看到其对完善的贡献。如果一味地放纵错误，“溺爱”错误，就走向了另一个极端，让品质变得非常糟糕。

企业文化是企业的底蕴，更是底气。如果我们敢于确信自己的文化，确信文化可以带来竞争力，并把文化转化为行动，就可以一点一点成长，就可以以小搏大，冲击“巨无霸”。20世纪中期以后，日本企业就是这样挑战美国企业的，它们将企业文化化作一个个重量级产品，让很多沾沾自喜的美国企业措手不及。后来美国企业只好平静下来，重塑文化并用产品重新奠定自己在世界舞台上的地位。因此，当中国企业用改革开放几十年的基础与来自世界各地的百年企业同台竞技时，要站得住脚，必须靠企业自身的修为。

懂得这些，你我都可以成为有修为的一员。

业务组合理论：企业“逆生长”的灵丹妙药

业务组合理论是说一个企业可能会有不同的业务，这些业务应该成为一个有效的组合。企业会经营不同的业务，这一点很多人都不陌生，但未必真的知道这背后的根本原因。大多数人知道的是，业务多了可以有更大的规模，而且把鸡蛋放在不同的篮子里更保险。这些是部分原因，但显然不是这么简单，根本原因在于，业务是有生命周期的。

所以，我们得先理解生命周期对于企业而言意味着什么。在企业中有三个与生命周期相关的基本元素，即企业、业务以及人。事实上，人会老，业务会老，但是有的企业会老，而有的企业却有可能长生不老。那么，长生不老的秘方在哪里？就在于业务和人的变化。

人的变化之于自己来说是生命周期，之于组织来说是新老更替。道理很简单，人没有办法违背生命的规律，人终将老去。所以，对于一个企业或者组织来说，要有一波又一波的人在。事实上，一个好的企业要有新人和老人同在，只有新老交替、不断交接才能保持人员的活力。

我们比较容易忽略的是业务，因为有的时候一个业务可能会非常成功，甚至可以壮大到让企业觉得可以凭借这个业务长盛不衰，但这只是错觉，不要被过好的自我感觉误导，别过于沉醉在胜利的喜悦当中。事实上，业务和人一样，也有生命周期。市场上的业务层出不穷，顾客总有喜新厌旧的时候，所以，业务也有生命，有生长存亡。既然企业需要新人与老人的持续交替，那业务也应当如此。

因此，我们要懂得业务组合的逻辑，目的是保证企业的生命，让企业可以持续成长。持续成长对于业务的要求在于，要有新老业务的持续交替，其间不能间断，不能等业务老去之后再培养新业务，否则企业的生命就有可能间断，一定要在业务迈入老年阶段之前的壮年时期就开始培养新业务。这样，企业持续保有的业务实际上分为两类，一类是成熟业务，处于壮年阶段；一类是新业务，处于少年阶段。成熟业务要足够强壮，帮助新业务成长得更加强壮，进而长江后浪推前浪，新业务的空间越来越大，使企业不仅活得长，而且要活得越来越好。只有这样的业务组合才是有效的，因为可以保证持续的生命力，并使生命力更加旺盛。

为什么不能等到业务变老的时候再开发新业务？原因在于，那个时候会更加困难。开发新业务是很费力气的，当老业务的力气不足时，就会觉得力不从心。这个问题的反面是：为什么不在业务成熟的时候就去开辟新业务，而非要等到业务老去？

新业务的特点是需要资金支持，起初有可能不盈利。所以，我们得首先接受这个现实。很多企业无法培养起新业务有两个原因，第一个原因是太急了，总是想着赶快让新业务去赚钱，可是一个“童工”其实没有这样的能力。这也是一定要在壮年时期开辟新业务的一个原因，因为有一段时间新业务可能是不盈利的，得靠着壮年的“劳力”养活。

新业务培养不起来的第二个原因就在于营养不良。如果一个企业等到业务变老之后才开发新业务，这个时候可能已经没有足够的现金来养活新业务了，新业务没有办法吸收足够的养分，最终，当老业务筋疲力尽的时候，新业务还是没有真正成长起来。这个时候，企业很可能就会倒下。

所以，不是说企业有多个业务就可以活下来，关键在于这些业务的组合逻辑，是不是在恰当的时候让恰当的业务出现。只有这种有效的组合，才能使企业“逆生长”。

这就是那些企业永葆青春的秘诀：两类业务同在，并且是在成熟业务巅峰状态的时候就去开辟新业务，当成熟业务衰落时，新业务已“长大成人”。当新业务靠充分吸收成熟业务的养分也成长为成熟业务时，就继续开辟新业务，如此不间断地进行下去，让企业一直都散发出活力。

一个好的企业要有“壮年危机”。这种危机不是焦虑，而是要去思考并清楚地知道自己接下来该做什么。一个业务到了壮年的时候发送给企业的信号不仅仅是成就感，还有危机感。一个企业一定不能停留在只关心今天的业务的层面，还要问明天的业务是什么。当然，这也意味着一个企业不必一上来就开展很多业务，应该先铆足劲儿打造出一个旗舰业务再说。所以，没长大成人之前，别胡思乱想，先安心并全力让自己长大。

事实上，在有效的业务组合当中，新老业务体现着一种协同的关系。就像是大人为孩子提供营养和关怀一样，成熟业务要为新业务提供资金、技术、渠道、品牌的支持。而孩子对大人而言又何尝不是一种恩赐，让大人可以更安心地去面对自己的工作，更安然地去接受衰老。

总之，没有一个业务可以让企业一劳永逸，再强的业务都不是长寿仙丹，长寿的秘诀在于业务的轮回组合。因为业务的生命轮回会让企业这棵大树充满年轮，代代增长。

业务成长理论：一步一步，拓展疆域

业务成长理论告诉了我们企业业务成长的节奏：在了解企业业务组合逻辑的基础上，把业务成长的节奏安排得再细致一些，从哪里开始，每一步该做什么，从而做到心中有数。

首先要弄清楚业务这两个字代表什么。我们在问一个企业做什么业务的时候，通常说得比较多的就是做什么产品。不过，这实际上只是业务的一个方面，也就是说，如果理解不深，产品就会沦为一种表面上的说法。

从本质上讲，产品只有得到市场认可才有效，因此，我们的业务实际上指的是产品和市场的有效组合。由于业务组合包含现有业务和新业务，这意味着，在具体的业务成长上，我们实际上拥有四条成长路线：一是让现有产品在现在的市场上成长；二是让现有产品在新的市场上成长；三是让新产品在现有的市场上成长；四是让新产品在新的市场上成长。

这四条成长路线非常清晰，一些人可能也听过有关的成长战略，例如，第一条路线称为渗透战略，第二条路线称为市场开发战略，第三条路线称为产品开发战略，第四条路线称为多元化战略。尽管听说过这些战略，但未必会使用，反而因为这么多战略的同时存在让人不知道从哪里入手。所以，理解成长的本质逻辑要比知道这些名词更重要，最关键的地方在于，先给自己一个成长的起点，否则，就不会用这个理论。

选择成长起点的方法是，先从产品和市场当中选择一端作为起点。如果你的产品品类非常多，建议从市场端入手。当然，市场可以是地域，也可以是顾客的解决方案，还可以是应用场景、行业或产业，等等。如果你的核心技术非常强，完全依靠核心技术打市场，或者说产品对技术的依赖非常强，也可以从产品端入手。例如，把产品用现有技术和未来技术区分为现有产品和新产品，事实上，这个时候的产品更多体现的是关键技术。

因此，不论是产品端还是市场端，都可以作为成长的起点。在这个基础上，第一个成长目标就是打造出一个壮年业务出来，也就是全力培养出一个很有竞争力的产品或者市场。

如果以产品为起点，就做两件事情，第一件事情是让产品努力占据现有市场，第二件事情是不断为这个产品寻找新的市场。总之，要用全力把产品做成熟。同理，如果以市场为起点，也是做这两件事情，不断把现有产品和新产品放进来，把现有的市场做大。这样就完成了第一个成长目标，有了拳头业务。

第二个成长目标就是进行业务创新。也就是在拳头业务的基础上去开辟新的业务。以产品为切入点的企业把现有产品做成熟之后，就去开辟新的产品，同时，把新产品放在现有市场和新市场当中去培育，从而生成下一代的成熟产品，如此往复循环。以市场为切入点的企业把现有市场做成熟之后，就去开辟新的市场，同时，在新市场当中展现现有产品和新产品的风采。这样，就有了企业未来的成长希望。

实际上，我们发现整个成长过程中最关键的地方在于，产品和市场一直在同步成长，不论以谁为起点，两者始终都是匹配在一起的。因此，从本质上讲，只有产品和市场合二为一，才能称为真正的业务。

有些靠技术起家的企业从产品做起，但最终要回到高水平的市场表现上；有些靠营销起家的企业从市场做起，但最终要回到扎实的产品上来。可见，产品和市场两者缺一不可。换句说话，对于技术和销售，如果一个企业在创业时这两样都不具备，就很难成长，因为没有成长的起点和跳板。所以，企业要一门心思打造出自己的专长，精于技术可以打开市场，甚至可以开辟和引领市场，精于销售也会倒逼产品改进，促进技术的不断革新。创业未必要样样精通，重要的是要有自己专注的起点，如果样样模糊，就找不到生命的起点。

所以，做企业不能总是想着一口吃成个胖子，或者一开始什么都想得到，还是得先从一个点开始，逐步渗透，把点做深，一步步拓展，做全做大，这样，企业才能拥有宏伟的版图。而伴随着业务的新老协同交替，企业的宏大疆域才能长远。

产品层次理论：看看怎么拆产品

产品层次理论为我们系统地展示了产品的层次：最内层是产品的意图，中间层是产品的实体，最外层是产品交付和服务。

要看透产品，必须要看到这三个层次。之所以这样来划分，是因为很多时候我们习惯只看到产品的实体，也就是眼见为实。但事实上，我们肉眼看到的只是产品的一部分而已。

我们不仅要看到产品的实体，还要看到产品的内涵，以及产品是怎样交到顾客手中的，而我们要做出的产品，也应该是这个样子。如果我们可以用心开发这样的产品，别人也就不容易学到。

因此，认识一个产品时，核心层、实体层、交付层，三个层面缺一不可。不要只看到产品本身，还要看到产品之外的服务和交付水平，以及产品包含的核心利益。我们说一个产品靠不靠谱、品质好不好，一定是在说这三个方面，这三个方面代表了产品的真正水平和价值。

由此，产品的价值＝核心层 × 实体层 × 交付层。注意，这是一个乘数效应。乘数效应意味着三点：一是如果有一个层面为零，产品的价值就为零；二是三个层面必须都做好；三是三个层面要能衔接起来，无缝对接，层层配合，才能发挥协同价值。

这里有一个很有意思的地方，早年我们学习西方企业的时候，有一个最简单的办法，那就是把产品拿过来，拆开看看是怎么回事，通过学习和钻研，自己也能把产品造出来。但是，今天这样做不行了，甚至，我们把产品拆开来看一下，好像也没发现什么特别之处，原因就在于，今天产品的系统品质提升了，产品早已经不是当年的产品了。

过去拆产品可行，的确有偶然因素或者说运气在里面，因为那个时候产品的核心层很简单，甚至直接就写在产品实体上了，一看就知道产品给顾客的核心利益是什么。当然，也正是因为早期太过简单，导致产品不断同质化，而在产品趋于同质化的时候，只能着眼于产品的核心层和交付层。

所以，如果今天再来拆产品，有可能已经看不懂产品了，当那些自以为已经看懂产品的企业造出同样的产品时，会发现同样的产品已经没有竞争力了。原因在于，别人早已经按照自己内在的产品意图造出了更好的产品，再加上更好的交付和服务，所以拥有持续的竞争力。

反过来说，如果今天我们的产品被同行拿回去一拆，马上就能完全看懂，就说明我们在产品上还没有真正下足功夫，说明我们还没有用心理解产品的意义。产品一定不是一个简单的实体，除了保证实体质量过硬外，还要注意产品背后的精心设计和附加的服务价值，只有这三者相结合才是有竞争力的产品。

这当然不是说把产品做得越复杂越好，恰恰相反，为了复杂而复杂的产品反而容易被一眼看穿，因为华而不实，只有表象和形式。好的产品是用简单的方式解决复杂的问题，将复杂的问题在核心部位解决，并用看似简单的方式通过实体和服务交付出来，让顾客以最便捷的方式感受价值，这才是核心竞争力。

这也意味着，今天我们实际上不必花过多精力去钻研对手的产品，也许钻研不透，即便钻研得很透，也许已经过时了，因为顾客已经在这些方面得到了满足，我们再这样做，顾客也不会感到新鲜。不论如何，把精力聚焦在顾客那里才是正确的选择，才会有创新出现。但现实的情况是，大部分人和企业习惯把精力放在研究对手上，只有少部分人和企业真正专注于顾客。如果我们可以成为这少部分的人和企业，就一定会做出有价值的创新。

对于一个产品，核心层要做复杂问题简单化的设计，实体层要保质保量，最外层要有称心如意的交付。事实上，如果这种服务和交付足够专业，还可以再度进行产品化，也就是大产品里面嵌套小产品。服务和交付本身就可以增值，因为其同样包含服务和交付的内在价值、表现形式以及最终如何传递。如果我们真正懂得系统地看产品，就会发现产品当中蕴含着丰富的价值创造空间，而一个好的产品实际上是由许多价值创造点缜密地联系在一起的。

因此，我们第一个要特别注意的是，今天再去观察或者打造产品时，一定要有一个由内而外的系统设计，要树立系统的产品观。

接下来还得继续思考，这样的产品怎么才能做出来。因此，第二个要特别注意的是，看透产品，在看清问题以后，通过我们的努力真正把这样的产品做出来。

今天我们常听到产品经理这个概念，一些人会问：产品经理这个角色到底该安排在哪里，是在营销部还是在研发部？答案很肯定，要放在研发部。之所以会出现这样的问题，实际上是对产品经理的概念模糊，更准确地说，是对产品经理的职责模糊。一个真正的产品经理在做什么？就是设计产品的意图，为顾客设计产品的核心利益，就是在做产品核心层的工作。一个好的产品经理的标准也非常明确，即在懂技术应用的同时又对市场敏锐。

当然，对于一个企业来说，最大的产品经理实际上是老板，或是某些高层人员。这也意味着，如果企业家和高层人员脱离一线，不在意技术的应用和市场的反应，那就是作为最高级别产品经理的失职。总之，从首席产品经理开始，到每一位一线产品经理，都必须称职。

事实上，核心层、实体层、最外的交付或服务层，这三个层次对应的职能非常清晰，就是研发、生产以及营销。如果是非日常消费品的大型项目，交付可以单列出来。

在一个企业当中，谁对产品负责？如果大家认为这只是生产部门的事情，那么可以贡献出的产品力就非常有限了。研发、生产、营销对产品都负有重要责任，只是大家的责任不同，研发要设计出产品的核心价值，生产要把这种价值转化为高品质的产品，营销则要用高水平的服务把产品交付到顾客手中。这正是集成产品开发（Integrated Product Development，IPD）背后的逻辑，真正有效的产品是由研发、生产和营销共同打造的。

当然，我们还要注意其中一个非常微妙的细节，最内层和最外层的距离实际上是最远的，这就是现实中研发和营销常常自说自话的原因。这种隔阂实际上和生产没有太大关系，问题都出在各自身上。改善之道在于，最外层的人员不要只顾着和顾客说话，要把顾客的心里话告诉最内层的人员，而最内层的人员一定不能内向，不能只顾和自己说话，得听听来自外面的声音，只有这样，才能让产品表现出内外一致性。

总之，我们对于产品层面的理解不要浮于表面。要打造一个好产品，需要做好三件事情：高核心价值，高品质，高交付和服务水平。而在这三件事情的背后，一定是研发、生产和营销人员的通力协作。

我们常常以为研发、生产和营销是一条企业内部的价值链，是链式结构，但如果我们懂得产品的层次，就会发现这三个部分实际上是三个同心圆，研发在内、生产在中、营销在外，共同面向顾客。

文化层次理论：内外协调，助力生长

文化层次理论启发我们正确认识文化。文化表面上看是现象，但进一步透过现象看本质，才能看到文化的全貌。例如，水饺是代表中国的食物，而西方的代表食物则是比萨。不论是水饺和比萨，还是包子和汉堡，这些都是文化现象，但本质上反映了不同的观念。水饺的馅包在里面，比萨的馅露在外面，一个相对保守，一个则相对开放。少林棍和洋枪是现象，但本质上也反映了不同的价值观念，一个略保守，讲求点到为止，化干戈为玉帛，以和为贵；另一个则更为干脆直接，讲求高效，不留后患，一步到位。

同样的道理，我们看一个企业的文化，要先看产品如何，如果产品很好，就说明这一定是一个非常重视产品质量的企业，并且这种观念已经渗透在每一个员工身上。这就是文化的层次，看的时候是由表及里，做的时候是由内而外，最终内外合一。

因此，文化是表象，表象背后才是内核。企业能不能拿出真材实料，取决于两件事情，一是外部适应性，二是内部一致性。

外部适应性由处在内核的观念来解决，也就是先树立起可以适应外部环境的生存观念。我们的价值观念到底在回答什么问题？根本上就是凭什么生存的问题。所以，用来表达这种观念的就是公司使命和定位等战略观点，以及实现战略应该具备的核心价值观。这样，借助外部适应性，企业就拥有了内核。

接下来，企业可借助内部一致性把这种内核真实地表达出来。内部一致性意味着成员对于内核观念的认同，借助这种认同产生的行为最终把观念镶嵌在企业的产品和服务上，让观念生长在企业的各个角落。

因此，一个人到了企业得先闻“花香”，闻闻这个企业长出来的“花草”是什么味道，也就是看看这个企业中什么样的人在茁壮成长，从而明白什么样的行为更受欢迎。只要感受一下企业的战略和制度背后的意图，就会发现自己成长的养分在哪里，切不可在还没有看清真面目的时候就进行盲目批判。

当我们真正嗅到组织散发出来的芳香时，也就找到了自己成长的方向；当我们真正用心触摸到藏在花蕊中的花心时，自己才能与组织心心相印，并且层层绽放。这个时候，自己就和组织融为一体，也散发出富有感染力的芳香。

现在，我们就可以重新定义企业文化层次了。企业文化层次没有高低，只有内外之分。企业文化层次的真正功效在于，借助层次关联保证内外的协调，不论是组织与环境的协调，还是人与组织的协调，甚至是人的行动与内心的协调，最终形成一股统一的力量推动组织和人在环境中成长。所以，企业文化层次不是用高低来评判的，而是用变化和成长来验证的。正如我们说一个人的文化层次的时候，不是在说学历的高低，而是说一个人由内而外的真实修为，这种修为让人可以跟随环境不断成长。

一个企业的文化层次也是如此，不是说一个企业学历高的人多就文化层次高，或者说一些学历平平的人构成的组织文化层次就不高，同样要拿掉文化层次高低的有色眼镜，要从成长的角度看企业文化发挥的力量。如果一个组织可以拥有适应环境的品性，并且可以做到上下一心，则这样的文化层次就会助力组织和人的共同成长，提升组织与人的共同修为。

品牌开发理论：品牌的秘密

品牌开发理论告诉我们品牌的开发需要一个过程，品牌并不是说有就有的。很多企业有这样的习惯，刚刚创立就大谈自己的品牌，可是品牌谈再多，如果不能拉动顾客，品牌就没有生成，就只是一个牌子，或者说只是一个品牌名字。品牌工作不仅是品牌部的事情，还是一项系统工程，这是理解品牌的前提。品牌部承担着品牌的培育和维护工作，但是品牌开发体现的却是企业的战略逻辑，并且要有产品能力的支撑。品牌的开发有四步，或者说是四种方式。

第一步，用产品打造品牌。构建品牌没有任何捷径，核心方法只有一个，就是拿出可以让顾客喜欢的高品质产品。如果可以拿出来，品牌就是自然而然生成的结果。因为整个用心打造产品的过程已经呈现出对顾客价值的理解，呈现出产品的品质，呈现出企业对待顾客的诚意。当顾客接纳并认可这些时，就意味着产品和顾客建立了连接，就自然有了品牌。所以，产品是打造品牌的核心方式，没有任何捷径可以绕过产品。

第二步，品牌和产品开始互助。当用产品形成品牌，也就是品牌有了真正的拉力之后，就可以借用品牌效应了。品牌反哺产品体现为：一方面，带动现有产品的销售；另一方面，如果品牌足够有影响力，还可以借助品牌协同开发新产品，也就是用现在的品牌做新产品，让新产品沾一下这个品牌的光。

如果用现有品牌来开发新产品的话，一定要格外注意，现有品牌的光芒是好不容易才散发出来的，千万不要让新产品消耗现有品牌的光芒。因此，要让新产品沾光，新产品必须也要在品质上过硬才可以。用现有品牌带动新产品的时候，实际上只是暂时把光借给新产品而已，新产品还要把光还回来。换句话说，新产品必须反哺品牌。

第三步，多品牌。一个企业品牌和产品能力的对照会出现两种情况，一种是品牌和产品不相上下，基本上现有品牌和产品之间可以各取所需，相互满足；还有一种情况是品牌过盛或者产品过盛。当一个企业的品牌非常强大时，例如，你做什么，消费者都认，那就用品牌去带一下新产品。如果一个企业的产品过盛，有很多的产品类别，或者有庞大的生产线，则由于这些产品要面对不同的消费人群，现有一个品牌的表现力就不够用了。有些品牌已经心有所属，被特定的消费群体占为己有，如果我们硬是拿这些品牌往别的产品上套，就有可能把两边的顾客都得罪了。一部分顾客会觉得属于自己的品牌被人抢走了，而另一部分顾客也未必稀罕这种施舍，他们也要追求属于自己的品牌。这个时候，为顺应顾客的内心想法，企业必须采用多品牌。

多品牌的生成也必须有相应的产品来滋养。当然，可以暂时借一些现有产品或者品牌的光，但这些品牌必须要成熟起来，才能把借来的光还上。

第四步，新品牌。新品牌实际上在前面已经提过了，如不断由产品和品牌滋养出来的新品牌。不过这里单独提新品牌还有另一个提醒，我们要注意，品牌也有老的时候，一种情况是直接老去了，那企业就要借助全新的产品来构建全新的品牌，又回到第一步，展开新一轮的循环。还有一种情况是所谓的“老字号”，虽然品牌老了，但是要继续保留下来，要重新焕发品牌的生机，还得走到品牌生命的起点。所以，我们看到一些百年品牌一直都活着，实际上已经“投胎”很多次了，但这一做法很重要，否则品牌就可能一去不复返了。

总之，产品和品牌永远是相互依存的。好的方法是从产品打头，用产品培育品牌，用品牌反哺产品和新产品，再用新产品反哺品牌或培育新品牌，新品牌继续带动新产品，不断循环下去。今天我们看到的那些大品牌、多品牌以及长盛品牌就是这样长成的。当然，也许对于很多企业来说，现在安心做好第一步就好，介绍后面几步的逻辑是让大家知晓品牌的成长历程，这样就能提醒自己不要拔苗助长，要先做好基础工作。

最后，企业可以对外讲自己的品牌故事，但不要过早地把希望寄托在品牌上面，因为产品才是企业的安身立命之本。只有那些世界级的企业敢说可以用品牌来复原自己的生命——如果一切被烧毁，只要有品牌在，一切就可以再生，底气在于他们已经为这个品牌付出了一百年。

这就是品牌的秘密。

创新归类理论：从逐步创新到突破创新

创新归类理论展现了一套创新方式，这套方式由知识结构和业务结构组成，从而让我们看到了组织的不同创新方式。在业务上，有现有业务和新业务；在知识上，有现有知识和新知识。业务基于知识来做，这样就有了四种类型的创新。了解了这样的创新架构，或许可以让人豁然开朗，脑洞大开，产生新的思路。

第一种是用现有知识来做现有业务，这是逐步创新。这个时候的创新就新在知识和业务的深度开发上，一步一步让知识和业务共同进步。要求是把知识和业务做精，企业和员工不断改进自己，从而积累出创新。

第二种是用现有知识来做新业务，这是结构创新。事实上，这是今天很多企业遇到的情况。对于新业务来说，现有知识一方面不够用，另一方面会成为新业务的阻碍。但如果企业不能拥有新知识，也不代表束手无策，还是要回到现实，方法就是调整现有的知识结构。知识还是现有的知识，当调整知识结构后，就可能完成原有知识不能胜任的任务，因为结构变化之后，功能会跟着改变。这就是结构创新的智慧。

所以，当我们只能依靠现有知识来做新业务的时候，调整知识结构是一个解决问题的突破口。

第三种是用新知识来做现有业务，这是转化创新。很多企业不断去学习新的模式、新的知识、新的技术，用于对现有业务的创新。不过这里要特别注意水土不服的问题。所以，学习新知识最重要的是落地，让新知识真正融入自己的业务，一定不是盲目学习新知识，要有吸收和转化，从而应用新知识创新现有业务。

第四种是用新知识来做新业务，这是突破创新。从严格意义上讲，这是更具创新意味的创新，不过也是挑战最大的创新。为了迎接这样的挑战，建议采取合作的方式进行，这样可能更容易找到新知识，尤其是在时间不等人的情况下，为了准时供应新业务，更需要我们去寻找合作，整合新知识来做新业务。

最后，对于这四类创新，还有两点需要说明：一是创新需要积累，逐步创新就会有创新突破。换句话说，对于每种创新来说，企业在成长道路上可能都会遇到或用到，但是得一步步来，并且要用到点子上。二是要举一反三，看到本质。无论是现有知识还是新知识，代表的都是企业的创新条件，资源、能力、技术等都包括其中，所以，实质上是现有条件和新条件。

因此，要创新，不论是对于现有业务还是新业务，都要有意识地去调整现有条件和整合新条件。这样，创新才会成为现实。

流程再造理论：顾客价值的生根发芽之旅

流程再造理论提醒企业要审视流程，因为企业的绩效就在流程当中，流程不好，绩效就会从中流失，有时是效率低下，有时甚至是前功尽弃。流程再造的目的就是为了产生绩效。流程再造这个词我们平时可能听得很多，但是应当领悟到其中的几个关键要领。

第一，精简流程是在优化流程，但还算不上流程再造。换句话说，我们平时听到或者自己做的流程再造，也许只是在精简流程而已。精简流程主要是看看流程中有哪些不必要的环节，然后化繁为简，从而提升效率。精简流程只是流程再造的基本条件而已，相当于流程在生长过程中长出了一些不必要的杂草，需要清理一下，但是生长方式并没有发生改变。

第二，流程不是生产流程，而是供应流程。生产流程的生长方式以自我为中心，供应流程的生长方式以顾客为中心。道理好像很简单，但是如果认真审视一下自己的流程，也许就停留在生产流程上面。以最精简的流程来说，设计之后给生产，生产之后给顾客，这就是典型的生产流程。对于其中的问题，如果是提供单价不高的日常消费品可能还不是很明显，但如果是大型交付项目，一旦顾客不满意提出返工就会造成极大的前期投入浪费。所以，顾客一定不是在末端，而是贯彻于流程，并且始于前端。自始至终，全部流程都是在供应顾客需求。

事实上，岂止是生产，任何一个作业流程都应该成为供应流程，我们的每一份作业实质上都是在做供应工作，要拥有顾客思维。

第三，流程内不是竞争关系，而是合作关系。这一点放在外部流程上看会更加明显。企业除了内部流程之外，还有外部流程，需要借助外部力量共同完成对顾客需求的供应。所以，供应商、厂商和渠道之间即便分属于不同的企业，也必须联合在一起，形成一个整体的供应流程，彼此之间不是争斗关系，不是谁欺负谁的关系，而是一条绳上的蚂蚱，荣辱与共。同时，顾客价值应该成为大家合作的共同语言，成为荣辱观的向导，流程当中个体的每一项工作必须贡献顾客价值才有意义，大家不能彼此伤害，并且谁都不能掉以轻心，否则最后大家都没有饭吃。

第四，要有协同中心。流程中必须有协同工作，用以确保流程有效推进。这要做两件事情；一是协调资源，在共享资源之下协调资源，避免发生资源冲突，尤其是注意人力资源，从统筹到调配都要合理安排。二是信息通畅，在共享信息之下维护信息，避免发生信息走样，尤其是注意顾客信息，从收集到传递都要准确无误。

所以，流程再造的结果应该是一个聚焦顾客价值的畅通管道，大家通力合作，一点一点把顾客价值呈现出来。从根本上说，流程正是顾客价值的生根发芽之旅。我们每一个员工和企业要做的是从中有所贡献，促进顾客价值生长。

不成熟－成熟理论：生长的秩序

不成熟－成熟理论认为，人会从不成熟走向成熟，而这个过程中更重要的是自我的意识和调整。这个理论是与人的心理发展以及生命周期密切联系在一起的。判断一个人是否真正长大成人，不是依照 18 岁的年龄界限，而是看一个人心理发展的成熟度。一个人迈向成熟必须解决三个挑战，只有完成这三个挑战，才能真正成为一个成熟的人。

第一个阶段是自食其力。自食其力的前提是学会独处，学会与孤独相处，要克制自己对外界的依赖。训练这种能力有两个最佳时期，一是大学时期，二是初入职场时期。这两个时期的人都是成年人，并且多数会离开家一个人出来生存。

读大学不仅是学习某个专业，更是让一个人长大成人。所以，不论学习什么专业，大学毕业生应该具备一个共同的素质，那就是真正长成大人，拥有较为成熟的心智来应对未来的挑战。在职场当中，基层锻炼也是提高人的成熟度的宝贵机会，所有的外力都需要借助自己强大的内心和努力来获取并发挥作用，从而让自己克服一个个挑战，进而自食其力。

第一个阶段的问题必须要解决，如果解决不了，一个人就会陷入失落，陷入自我怀疑。而如果解决了这个阶段的问题，结果将是欣赏自己，相信自己，让自己更坚定地走下去。

事实上，在第一个阶段做不好没关系，可以从头再来，没有人规定读书的时间限制，也没有人约定进入职场的时间限制，只要我们愿意学习，敢于摸爬滚打，总会让自己自食其力。

第二个阶段是家庭责任。这个阶段往往对应了一个人的事业发展期，而这个阶段的基础实际上是来源于上一阶段的积累。不同的是，一个人不只是要解决自食其力的问题，还要承担家庭责任，也就是成家立业。

当然，这个阶段按照多元的生活方式来讲，没有固定标准。事实上，家庭只是象征责任的一个载体。到了第二个阶段，我们要肩负起更大的责任，不要自伞自度，而是要撑起一把大伞。这种责任的承担会驱使我们形成更大的事业和生活能力。

第三个阶段是厚积薄发。如果我们自己看前两个阶段，发现并没怎么提感觉。我们常常讲满意感，讲圆满，事实上这些感觉并不在前两个阶段发生，圆满的感觉是用厚重的积累换来的收成。所以，不要过早地强求圆满。

如果前面两个阶段的问题没有解决好，到了第三阶段，就有可能会出现失望、绝望、后悔。因此，如果不想有这种感觉，必须遵从生命成熟的规律让自己成长起来。当然，圆满只是一个阶段的总结，我们仍然可以为自己重新设计挑战。

从不成熟到成熟，这个过程可以应用于人生，也可以应用于人生的某个片段、某个场景，更可以应用于组织，甚至是社会。

人在大学中可以从不成熟走向成熟，在工作中可以从不成熟走向成熟，在生活中也可以从不成熟走向成熟。企业可以从不成熟走向成熟，企业在某个市场的表现可以从不成熟走向成熟，企业的技术和产品可以从不成熟走向成熟，企业的品牌和文化可以从不成熟走向成熟，领导者和成员的相互关系可以从不成熟走向成熟，组织的战略和架构可以从不成熟走向成熟，等等。人和组织不断步入成熟的过程，意味着社会也在不断迈向成熟。

这是一种宝贵的思维方式，引导我们把一切事物往成熟的方向去带；这是事物的规律和万物的秩序，我们也是秩序中的一员。我们对规律和秩序的遵从，可以让世界更加井然有序。

第二篇 打下扎实的管理根基

未来真正出色的企业，将是能够设法使各阶层人员全心投入，并有能力不断学习的组织。

——彼得·圣吉

打开了管理格局之后，要把格局充实为现实，需要有坚实的基础。我们需要借助各种概念从不同的视角把组织本身建设得更为扎实，例如，用管理、战略、创新、学习、变革、公平等来改善组织，让组织拥有这些属性。因为组织之间的差异不在于外壳，而在于这些内在的属性是否扎实。

当然，在构建组织时有两个要素特别关键：第一个是组织对于社会的理解。管理学本身就是社会科学的分支，由此，我们需要认识与社会相关的管理概念，帮助我们奠定正向的根基。第二个是领导者自身。领导者与社会认知这两个要素决定组织成长的根基是否正确。因此，我们有必要去学习与组织属性、社会认知、领导者有关的一系列管理理论，以此来为组织打下扎实的管理根基。

管理型组织：你的企业可能有组织、无管理

管理型组织告诉了我们一个可能被忽略的常识：未必所有的组织都有管

理，或者说有效的管理，管理型组织是指一个真正有管理的组织。判断一个组织是不是管理型组织，需要检查是否具备以下四点：

一是有分工和协同。传统的分工就是水平分工，或者叫左右分工，分成不同的工种，这种分工是大多数组织都有的。有的组织只做了分工，但是各个工种或职能间的配合并不好，也就是没有协同。所以，既要有分工，还要有协同。另外，很多组织的分工实际上只做了一半的工作，只有左右分工。除此之外，更重要的分工是上下分工，也就是纵向层级的分工。这个部分最根本的是，分工设计一定要在一线人员中落地，因为真正的产品和服务都是由一线人员来完成的。

按照这个逻辑，我们看一个组织是否有分工和协同时就有了四个标准：左右分工、左右协同、上下分工、上下协同。

这是非常重要的四点，实际上不少企业都只有第一个标准，甚至没有意识到后面三个标准的存在。如果一个企业有分工无协同，并且只有左右分工，上下分工并不到位，就需要重新调整管理意识。一个管理型组织要有上下左右的分工与协同。

二是有计划和监控。把计划和监控放在一起，是因为两者不可分割。有的企业说计划没用，原因在于只做了一半的管理工作，没有将计划和监控放在一起。

有计划、无监控的一个重要原因在于计划不细致。监控要有据可依才行，如果计划不够详细，监控工作就没有办法开展。所以，那些有计划、无监控的企业，严格来讲，很可能连计划都没有。计划和战略不一样，战略是定方向，计划是定行动，计划必须能准确回答实现目标要做的具体内容，否则就不是计划。

如果计划本身是模糊的，监控的“摄像头”再好，记录的内容也是模糊的。在一个清晰的计划之下，监控也不能偷懒，监控不是安装一个摄像头那么简单，而是一种行动，要对计划进行全过程的跟踪，才能知道计划的进展，知道哪里需要配合和改进，从而确保组织稳定发展。

所以，我们不要从负面的角度去看监控，而是要积极地去看。如果缺失了监控，就缺失了组织的安保，无法为组织和成员保驾护航。

三是有管家和专家。在这一点上，不少企业很可能也只有一方面。但同样的道理，管家和专家缺一不可。有些企业虽然两者都有，但是成效不好，原因就在于，两者相互冲突，效能被抵消掉了。

管家指的是公司管理通道上的人，如各级管理者。专家则是擅长专业知识或技术的人员。一个企业不能过度重视管家，否则会引导所有人将目光放在这个权威位置上。事实上，管家的位置总是有限的，并且越往上走，通道越狭窄，位置越有限。但遗憾的是，为了管家的位置，一些专家很可能会丢掉了专长，一心总想着当官。这样的人当上管家还好，因为当上管家就可以安心做管家的事，可结果一定是有不少这样的人当不上管家，最后，管家没做成，专家的价值也没发挥出来，这就是组织的能量浪费。

对此，解决之道在于，管家和专家都是“家”，都要给予相应的尊重和权威。正确的做法应该是，管家就做管家的事，专家就做专家的事。给予专家足够的尊重和权威，专家才能不胡思乱想，才能安下心来贡献专业技术。

有些人性化的企业会设计首席科学家、首席经济学家、首席管理学家，让有科学、经济学和管理学知识的专业人士成为真正的专家，这个时候科学、经济学和管理学的价值就会被最大限度地释放出来。因为专家就应该专注，专家的心安定了，作用才能发挥出来。这种做法的聪明之处还在于，这些席位都是新设计出来的，与原有的诸多管家职位并不冲突，反而可以更好地帮助管家获得绩效，同时也让专家取得更大的成就，促成彼此的合作共赢。

从某种程度上来讲，我们向来有向往和敬畏权力的社会文化，也许现在存在淡化的趋势，但不论我们是否承认，不少人仍然有这样的内心倾向。面对这样的文化现实，在进行组织设计时，千万不要让专家去抢权威或者没有权威，否则要么是专家无法贡献出专业价值，因为心思没用在专业上，要么是专家的话没人听，因为缺乏权威。

总之，在这一点上要注意，不要让组织变成一个纯粹的官僚机构，而应该是一个专业机构。只有要让专业能力得到尊重，才能让更多人去发挥专业价值，才能形成实实在在的专业文化，让组织拥有强大的实力。

四是有目标和成本。这是检验是否是管理型组织的根本。不论一个组织认为自己把管理做得多么好，采用了多么先进或者高深的管理方法，如果没有最后这一点，都不能称为管理型组织。在这里，同样的道理，目标和成本两者缺一不可。

有的企业说自己的目标实现了，但花费了很大的代价。成本过高说明方法不当或者有浪费，更重要的是，成本过高会消耗掉企业未来的成长资源。如果一个人用蛮力做成一件事情，但是把自己的身体搞垮了，那就没有未来了；如果一个企业用破坏环境的方式做成一件事情那就更麻烦了，会给未来制造出更大的障碍。事实上，有些事情的代价远远超过当前实际发生的成本。

这就是管理的考核中心，即效率，目标和成本就是用来诠释效率的。要用合理的低成本来实现目标，就要有科学的工作方法来提升效率，避免浪费。当然，方法有很多，最重要的是要有效率意识，要确保在实现目标的同时合理控制成本。

以这四点来判断，你的组织是管理型组织吗？当然，比是不是更重要的是，知道差距在哪里，知道从哪些方面提升。

战略型组织：能实现战略的组织长什么样

战略型组织以战略为中心，告诉我们为了实现战略需要聚焦哪几个方面。把这些问题梳理清楚之后，就会看到一幅实现战略的地图，这就是组织的行动指南。所谓战略，就是一般的常规要素，包括使命、愿景、定位、目标，为了实现这样的战略目标，组织本身必须做出四个方面的努力。

一是要有财务支撑。作为公司，必须有较好的盈利水平，否则就不会吸引人来投资。一方面，要借助新产品、新地区的开拓，或者现有产品和地区的进一步消化或深度开发，增加规模，实现“多销”，从而增加收入。另一方面，要进行成本控制，去除落后产能，使生产效率至少达到产业平均分之上，从而保证收入增长。

二是重视顾客价值。公司不能只看自己是否盈利，还要兼顾顾客价值，两者缺一不可。不论是对终端用户还是对合作伙伴，探寻其价值时通常都要思索，对于这些顾客来说，我们可以贡献的品质优势在哪里，价格优势在哪里，性价比在哪里，这会决定顾客是否买我们的账。

三是内部流程要高效。除了生态效率对整个公司的效率有所贡献外，还有组织内部的流程优化效率。在这个部分，最重要的是保证一个分工与协作同在的结构。所以，一方面要梳理清楚组织内部的各项价值创造活动，另一方面要让这些活动联合起来共创价值，从而形成一个真正的价值链条。否则，过程当中就会产生很多不必要的浪费，要么是单个活动的资源投放和冗余浪费，要么是活动之间的衔接不畅和冲突浪费。不要小看这个要求，很多公司其实只做了一半的工作，甚至一半都做得不清晰，这正是组织流程效率低下的根源。

四是通过学习发挥知识的价值。这个部分的核心是无形资产的价值创造，公司一定不要忽略了最重要的无形资产——知识。所以，要让知识武装到人身上，再让人把知识行动起来，从而把知识的价值释放出来。这就是组织学习的过程。

战略的实现需要能力，而学习是能力的重要来源。在学习的过程中，要有公司战略知识和操作战术的总结与分享，在这些知识得到吸收之后，还要激励人员付出行动。因此，这个部分往往以学习为起点，以知识的应用为落脚点，而中间又是一个激励人以及见证人成长的过程。只有经过这个过程的持续循环和历练，才能打造出真正可以为组织创造价值的人才。这样来看，人才并不仅仅是指有才学的人，对于企业来说，更重要的是把才学转化为价值的人。

总之，做好财务、顾客、流程、知识四项工作，战略就可以在一个组织中继续落地了。事实上，这四点也是平衡计分卡的依据，如果用这四点给你的组织打分，可以打多少分呢?

创新型组织：把身边的平凡变得不凡

创新型组织实际上是对传统组织的一种补充，在充满机会的新时代，组织只有创新才能与时俱进。事实上，会创新的人或者组织其实并没有我们想象的那么神奇，而且创新离我们并不遥远。我们和创新的距离实际上是时间，而弥补创新距离的却是行动。

一些人或者组织可能会说，创新也没有什么大不了的，只是自己之前没有去想或者没有去做而已。有这种想法在于他们没有意识到自己与创新的真正差距是时间和行动。所以，这些人或组织会说，假如那时自己做了，这个创新就是自己的。但是，我们不能总是用假如造句，因为假如是假的，创新必须是真实的。同时，创新不是马后炮，要事先做出准备，面对现实和未来做事情。这也呈现了创新型组织的四个特质。

一是拥有新知。要有新的知识，因为新知才能产生新事物。这一点的难度在于，拥有新知实际上是建立在拥有广泛知识的基础上的。如果没有广泛的知识，就不会知道什么知识是新的，也就不会做出新的东西。所以，这就要求我们下大功夫去认识现有的事物，发现社会的变化和有待解决的问题，从而用新知构建新事物来更好地解决问题。这就是创新的基础准备。

事实上，每一个简单创新的背后一定都有大量的基础工作。正是因为有了这些基础工作，才比别人多知道了一点点新的东西。等很多人都知道这一点的时候，实际上已经落后于创新者了。

二是抓住一点钻研。创新者会把所有的力量集中在一点上，这一点也许只是产业中一个非常细分的领地，或者是很多人根本看不上的地方，甚至是产业巨头们不屑一顾的地方，但是创新者会为这些冷门练就一套绝学，当攻破这些冷门之后，就会进入一片新天地。

问题就在于，很少有人愿意去钻研冷门，大家都往热门上去凑。当别人在凑热闹的时候，创新者在一门心思钻研冷门，哪怕不受待见或者面对的是冷嘲热讽，但最终会苦尽甘来。这是创新成功的规律，也是从冷门到热门的必经之路。

三是绞尽脑汁赚钱。创新有时候是被逼出来的，如果发现企业不赚钱，就一定得想方设法去赚钱，从而让企业活下来。这对大小企业都是一样，因为企业都得靠利润而活。当一家企业发现自己有规模但利润不够的时候，一个非常重要的警钟就出现了，要提醒自己接下来可能没饭吃了，要想方设法去创造利润。

在合法和可以创造顾客价值的前提之下，始终要问，自己如何改变才能更好地维持生计，这样，不论是方法上的创新还是事业上的创新，总会生出一些新意，也就有了生意可做。只要想着在自己活好的同时让别人活好，就不愁生意。这就是创新创业的生意经。

四是不错过身边的缘分。大家都生活在同一个时代中，创新者其实并没有去创造机会，只是没错过机会而已。很多人和组织抓不住机会，是因为想抓的机会太遥远了，所以珍惜身边的机会就好。机会到底是什么？如果我们认真去体会，就会发现机会实际上就是身边的缘分，当它经过我们身边时，一定要抓住。

要懂得把偶然当成最好的安排。例如，一次偶然看到了一本好书，就要好好珍惜，通过这本书的视窗发现新的天空。一次偶然自己把事情做成了，就要很认真地想想做成的原因，从而拥有新的知识，不然，即便成功了，新知也会和我们完美地错过。如果一不小心失败了，就一定要问，失败之后我们可以得到什么，接下来我们可以做什么。事实上，那些让人眼前一亮的出人意料都是蓄谋已久的。

也许创新就是天上掉下来的一个苹果，有的人会把这个苹果转化为定律，有的人会把这个苹果转化为商业。谁能说自己未曾和苹果相识？但谁又能说自己真的认识了苹果呢？过程的思考和行动才是让缘分生出新意的根本。这些伟大创新的背后就是我们身边的平凡，因为创新者的耕耘，让这些平凡变得不凡，赋予了普通事物无限的创新空间。

所以，创新型组织不是点子公司，创新型的人也一定不是点子大王，而是用自身行动开垦生存之地的组织和人，新的背后，一定是苦。把苦深埋在地下，收获的就是创新的原野。

组织发展理论：组织发展是一项专业工作

组织发展理论是一个引导性的理论，告诉我们组织发展作为一项工作所包含的主要内容。有些企业可能不知道组织发展这个概念，但未必没有在做这方面的工作。借助组织发展的概念，可以让我们更加明确组织发展的核心内容，从而确保组织的发展。

组织发展实际上包含两个内容，一个是发展，另一个是组织。这两个内容分别对应了两件事情，一件是确定路在何方，另一件是实现上下同心，这就是组织发展的工作内容。对于任何企业而言，这两件事情都必须要做，但是，在安排上又有一些说法。

今天一些走在理论前沿的企业设置了组织发展部，是否一定要设置这个部门呢？答案是未必。理论好不好用，要看企业是否真懂理论，是否用对了理论。所以不能生搬硬套，要活用理论。

组织发展的事情一定要做，但是由一个人来做还是交给一个部门来做，或是交给不同的部门来做，还要具体看事情的繁杂程度，看企业的成长阶段。千万不要一听到这个新的概念就赶快跟风设置组织发展部，要看必要性，看组织发展到哪个阶段。

在组织发展的不同阶段，组织发展的工作量会有所不同，相应地也就会有不同的人或部门来做这件事情。所以，针对不同的情况，具体会有不同的做法。

第一种做法是由老板一个人来做这项工作，由老板考虑公司发展并和员工交流价值观，前提是公司较小。第二种做法是沿用原有的组织架构。对大部分一般规模的企业来讲，用基本的职能结构就好了，领导层负责公司发展方向，各级管理者共同做一些企业文化方面的工作，如价值观的确立、传递和考核。

一定要注意，要让组织发展的工作自然进行，不要拔苗助长。走过了这两步，组织发展部门就会慢慢生根发芽，于是就到了下一种情况。

第三种做法是企业有了一定的规模和资源积累之后，业务变得复杂，要分析的环境也变得更复杂，所以就要把事情交给更多专业人士去做。这个时候，可以组成战略规划部，战略规划部的工作实际上就是在做发展工作，所以也可以称为发展部。

第四种做法和第三种做法有类似的条件和逻辑。伴随着战略业务的繁荣和组织壮大，要有专门的人来做企业文化的工作，这个时候，如果公司具备了人力资源条件，就可以组成组织部。

组织部在企业中主要就是做思想工作。一个外聘的经理人来到公司后，组织部就要给这个人一把降落伞，让他顺利落地，不能只有思想悬在空中，空有思想而没有行动，也不能让思想总是停留在原来的公司或者自我的原本认知当中，无法真正融入现在的公司。总之，不能让思想脱离实际和行动。所以，组织部的工作是让大家统一思想，并且实事求是，鼓励大家用行动做出实事。

第五种做法则是第三种做法和第四种做法的合体，即成立组织发展部，要兼顾发展的方向和思想的统一性。当然，思想的统一性一定是以发展方向为前提的，所以，发展永远都是第一位，是硬道理，组织则是强有力的后盾。

这个时候，组织发展这四个字就很形象了。更重要的是，组织发展的工作只有与组织的发展形影不离，组织才能发展。

组织学习理论：树立正确的学习观

对于组织学习理论或者学习型组织，大家并不陌生，它告诉我们一个组织要不断学习才能取得更大的进步。但是，我们要真正理解学习型组织的逻辑和工作方法，就要知道以下四件事情：

第一件事情是要意识到，学习是人类和社会进步的途径。

这是谈学习型组织或者组织学习的逻辑源头。人从一生下来就要学会吃饭，学会认识各种事物，学会怎么样做各种事情，怎么样和各种人相处等，从而保证自己的生存和进步。社会的进步也是如此，从远古社会到现代社会，从现代社会到未来社会，社会每前进一步，背后都有着学习的推动。如果意识不到学习对于进步的重要，我们就很难真正有动力去学习，也就不会获得学习的成效。

第二件事情是要知道，学习型组织是人和社会进步的载体。

组织是社会的基本单元，组织承载了所有工作的人，同时，社会又由一个个组织构成。组织可以给人的成长助力、赋能，所以，组织是一个人赖以生存的工作场所，也是一个工作者的职业成长空间，更是一个人施展才华的舞台。

组织进步意味着人和社会的共同进步。因为进步来自学习，所以，学习型组织成为人和社会进步的载体。当组织成长时，人和社会将跟着一起成长。由此来看，组织学习是为了组织的发展实际上只是一种表象，其终极目的还是为了人和社会的发展。从根本上讲，不论是组织还是组织学习，都是为了人类进步而存在。

因为组织肩负着推动人和社会进步的责任，所以必须要学习。当一个组织热爱学习时，就是在拉动人进步。作为组织的一员，如果身处一个爱学习的组织中，就应该珍惜。所以，一个组织理应是一个学习型组织，不然就是对人和社会不负责任；一个人也理应是一个学习型的人，不然就是对自己不负责任。

第三件事情是要明确，学习型组织是磨炼出来的。

学习型组织不是一个口号，不是一时半会儿就能形成的。如果我们清楚了学习型组织要做的学习工作，就会知道学习型组织没有速成法，没有任何捷径，是要下功夫修炼的。学习型组织需要组织的支持，需要每一个人的努力，需要大家共同给予时间，需要大家的理解，需要每一个人进行自我改造，还需要找到共同学习的内容或素材。

对于有效的学习来说，要历经九九八十一难，要经过炼丹炉的考验，这样的形容并不夸张，只有经过这种过程，才能学到真本领，才能取得真正的进步。切记，知识不是花钱买来的，而是下功夫习得的。不下功夫，钱也白花。别人用了多年的心血才得到的知识，如果我们不用心，不下功夫学习，怎么可能不费吹灰之力就得到呢?

所以，不论是创造知识还是习得知识，必须拥有一份匠心。匠心也应该成为学习型组织和学习者的内核。

第四件事情是要清楚，学习型组织中所讲的学习到底是什么样的学习。

借助以下五点内容，我们可以重新审视并重构自己的学习观。

学习的第一点内涵是系统学习。

真正有效的学习不是碎片化的学习，碎片化的学习会让人有一些感觉，但是缺乏理性和系统思考，而我们做一些重要判断时不能单凭感觉，必须依靠理性和系统思考。对于复杂问题，一定要借助关联性的知识来突破。

如企业绩效问题，业绩增长的背后一定隐藏着若干组织战略与管理问题，而组织战略中埋藏着环境分析、使命、愿景、定位、目标等知识点，组织管理中又埋藏着计划、结构、制度、文化等知识点。如果没有这些知识逻辑的系统贡献，就不会产出绩效。换句话说，如果我们拥有的知识无法带来绩效，就一定存在关键的知识漏洞，说明我们的知识体系还不够全面。当然，当我们拥有了系统的知识和足够深入的理解之后，也可以灵活运用不同的知识体系来诠释绩效，但必须是经过系统思考的知识体系。

有的人也许零零散散地读了一些书籍，或者学了一些知识，但是如果不成系统的话，就会发现在真正运用时力不从心，总感觉还缺点什么。例如，有时会发现某种结构不给力，也许正是因为没有把结构的知识和战略的知识串联起来，没有弄清楚这样的结构是否适合现在的战略或者发展阶段。如果不能打通任督二脉，知识就不能活用，就不会产生绩效，而有体系的知识必然是饱满而又灵活的。学习者是花架子还是练家子，区别就在这里。

所以，学习一定要形成知识体系，否则就不够扎实，知识本身的聚合力和爆发力就不够。有些人不太认可知识就是力量，原因就在于其知识太散了，散兵作战当然没有力量，而一旦知识形成体系，全面的知识外加灵活的结构组合就会呈现出知识系统的连锁效应，展现知识的力量。

这也是我们在学习管理时一定要打开管理格局的原因所在。打开管理格局，才能看到全面的管理要素并汇聚管理知识的力量，真正感受到管理知识的系统之美。

学习的第二点内涵是终身学习。

要牢记，学习是一件终身大事，不是一时兴起，也不是因为自己现在是学生才要学习。学习不是只在大学、课堂、培训机构或企业大学里进行，不是拿到毕业证或者结业证就可以告一段落了。学习不能只有三分钟热度，也不是在校学生的专利。因为我们时时刻刻都需要进步，所以，也就要求时时刻刻都进行学习。在这一点上，有三个字非常关键，那就是自制力。

学习不是为他人而学，不是为了身份而学，也不是为了学历或文凭而学，而是为了自己的进步而学。身处时代大潮中，时代不断变化，如果我们不去学习，就会慢时代半拍，就听不懂时代的语言。身在组织当中，组织不断成长，如果我们不去学习，就会慢组织半拍，就听不懂组织和同事的语言。久而久之，就会被时代和组织淘汰。反之，自己就会与时代和组织一起进步。

学习的第三点内涵是学习变化。

学习变化也就是去接纳变化或者拥抱变化，只有做到这一点，才能有新收获。否则，我们的知识水库就会成为死水，丧失活性，最终会枯竭。知识的活性在于知识可以生知识，人学习的活性在于不断学习新知识，而这种活性来源正是对变化的接纳，进而驱动我们不断形成新的认知格局。这听起来并不难理解，但是又不太容易做到。原因就在于，我们可能没有明白接纳变化背后需要做什么，不清楚接纳变化的阻力在哪里。

这里可以给出两个方法来帮助我们接纳变化，一是放弃习惯，二是学会忘记。学习之后如果没有任何改变，等于没学。如果确定了过去的习惯是不好的，就一定要果断地放弃，否则，惯性会越来越大，带给自己和周围的伤害也会越来越大。另外，鉴于一个人的记忆容量是有限的，所以要学会忘记不合时宜的知识，忘记旧的不合理的认知，腾出空来，这样新知识就很容易进来。不破不立，不敢于革新自己，不敢于打破旧的格局，就不会拥有创新。如果我们敢于清零，就一定可以拥抱变化。换言之，如果我们抱着过去，也就不会有胳膊来拥抱变化和未来。

学习的第四点内涵是共同学习。

这就是组织学习的意义了。从个人学习迈向组织学习，关键在于大家一起学习，并且要让大家学习同样的东西，至少不是相互矛盾和冲突的东西。

学习到最后大家要形成共同语境，让彼此更好地沟通和合作，组织学习不是来制造冲突的，而是来创造合力的。所以，共同学习的结果是共同语言，通过共同学习要让大家有更多的共同语言。

因此，组织探索、发现或得到的好东西，一定要分享给大家，包括公司使命、愿景以及工作价值观、工作方法论等知识，这样大家对“好”就会有同样的感知，从而更好地融合在一起。

要让大家往同一个方向发力，首先得确保大家看的是同一个方向，拥有共同的认识。如果你说这样是好的，我说那样是好的，大家的工作就变成了毫无意义的口水仗。大家要向着同一个方向形成合力，就要让大家对利好有同样的认识。在此基础上，力出一孔，将所向披靡；反之，则是一盘散沙，兵败如山倒。

学习的第五点内涵是协同行动。

形成共同语言，只是有了统一的菜单。可是会写菜单不一定会做菜，即便有菜谱，菜也很难做出来，而顾客要的一定是一盘好菜。因此，共同语言要进一步转化为协同行动。一道好菜的背后是共同的配合，从配料、配菜、炒菜到上菜等每一个环节，既要完美精致又要无缝对接。

这就是学习型组织所呈现出的价值最大化，大家通过学习各显神通又相互配合，最后为顾客奉上一场盛宴。

只有到了这个时候，学习型组织才有庆功宴。

组织双环学习理论：看组织和成员谁更爱学习

组织双环学习理论将组织学习做了细化：组织生存离不开学习，而组织的学习实际上包含了个人学习和组织学习两个环节。在个人学习环节，个人要找到哪里做得好、哪里做得不好，形成个人的经验并不断改进，同时，只有当个人可以把知识传递到组织时，才完成了组织的学习。这个道理听起来简单，但事实上，我们很多组织在这两个环节上都存在漏洞。

在个人学习环节上，一个人工作完成之后未必能沉淀下知识，更多的情况是，一个人可能每天都在不断地忙于工作，一波工作还未平息，一波新的工作又要开始。此外，即便有人总结了知识，也未必能传递到组织的层面。为什么呢？更多的时候是因为员工出力不讨好，具体有两种结果：一是贡献了知识，但是没有好处；二是贡献了知识，但没有得到重视。

我们这样来分析，实际上是提醒大家注意，组织进行学习可能是有障碍的。其中的障碍有心理上的也有能力上的，有个人的也有组织的。组织学习必须有意识地清除障碍。以下三点有助于组织学习：

一是要停下脚步总结知识。实践出真知，这个部分其实是重中之重，是所有学习的基础。双环学习的本质仍然是学习，所以首先还是要有学习意识。

不要只顾着工作，而忽略了工作方法论。自己从工作当中总结方法，会有利于自己的工作。在个人的工作实践当中，学习应该成为工作的一部分。这句话怎么来理解更好呢？

如果一个人下班之后不再是为加班而加班，而是为复盘而加班，那么这个人就是在进行个人学习。工作复盘不论放在哪个时间段都可以，哪怕组织没有给这个时间，我们自己也得给自己这个时间。

对于一天的工作、一个项目或者是一份整体的工作，要腾出时间来学习，甚至要主动为此加班，因为这不是别人的事情，而是我们自己的事情。学到的内容不是为过去，而是为了做好接下来的工作。学习会提升工作效率，我们今天拿出30分钟来复盘，也许能为明天省下一个小时。当然，如果这30分钟习得的知识可以分享给更多人，那省下的就不只是一个小时了。

很多人看起来每天都在不停地忙活，可是往往忽略了个人学习的时间，忘了停下来对这些所谓的忙碌和奔波做一个反思与整理。事实上，如果我们拿一个更有成效的人和一个成效一般的人做对比的话，就会发现差别不在于不停地忙碌，而往往在于个人学习和总结的部分，或许这个时间并不多，但却会成为人们效率差别的关键。

所以，即使一个人工作很忙，那也得忙里偷闲稍加梳理一下自己的工作，说不定会创造出更好的工作绩效和更多的闲暇。这个方法对于各级人员和各类人员都适用，因为人人都需要成长，而每一个工作者都需要卓有成效。

很多时候，不论是对于企业还是个人来说，一些事情成功了，有可能并不是因为我们最初设定的目标正确，而也许是歪打正着。例如，我们设计了八个要素构成的产品，虽然我们更在意前四个要素，但最后产品取得成功，是因为另外四个我们看似不重要的要素，甚至是我们原本没看到的要素。当我们这样去复盘自己的成功时，就会找到真正的成功因素，这时我们就会学习到新的内容。反过来，如果没有这样的复盘和总结，如果没有找到当中真正的成功要素，下次当我们自以为是地把另外四个顾客真正看中的要素去掉时，也许就没有那么幸运了。所以，很多事情我们即便做成了，也仍然有很多我们意想不到的重要知识需要去认真总结。

笔者曾与阿里巴巴的一位政委交流，她讲述彭蕾女士领导下的人力资源体系可以智慧地运用政委来为销售赋能，从而在支撑销售的同时，奠定了阿里巴巴人力资源体系与众不同的重要性。的确，很多企业的人力资源职能是达不到这种战略高度的，可是阿里巴巴却做到了。聊到最后笔者进行了一点总结，即这种模式有效的原因之一在于很好地契合了我们的文化。

我们中国的家文化本身就更在意彼此的陪伴和扶持，虽然我们有英雄领袖的现象，但却不是绝对的个人英雄主义文化，不是孤军奋战而是习惯陪伴。阿里巴巴很好地契合了这种文化，一方面有马云做领袖，另一方面彭蕾也展现出了可以配合马云领导力的执行力，所以才有了或者说延伸出了政委与销售的有效配合。因此，有效的领导力和有效的执行力密不可分，能够达成这种有效的配合要追溯到对于合作文化的认识和构建，不论借助性别互补还是各种信任关系，必须要有文化根基。这样的新知也让这位政委和笔者得到了意外的收获。可见，的确是实践出真知，温故出新知，不断复盘也会获得知识。

当笔者带着这样的新知再去接触TCL集团的副总裁许芳女士时，就已经清楚，她被TCL集团誉为“鹰妈”，这个称呼本身就含有文化的底蕴和力量，在不经意间或者潜意识里已经流露出了很多人的内心想法。事实上，“鹰妈”这个词，除了有TCL“鹰”文化的力量在，还有母性和女性的力量在。这种力量帮助“鹰”坚强地面对困难和挑战，从中学会成长。所以，文化的力量并不是在顺风顺水中显现出来的，而是在困境当中支撑我们的选择和行为。放在TCL大学里面，李东生是校长，许芳是执行校长，而她早前也负责集团人力资源工作，这与马云和彭蕾的搭配又何其相似。

这两组搭配的共同点都是挖掘了人力资源的关键价值。一组让我们看到了人力资源对于市场的价值贡献，另一组让我们看到了文化驱动下人力资源的成长潜能和逆境重生。这对今天企业人力资源部门的工作无疑是宝贵的启示，因为太多时候我们固化了人力资源部门的功能，在某种程度上“小看”或者限制了人力资源部门的价值。

所以，当我们认真去学习和总结的时候，就会到找到新的规律，这种规律不仅是真实的，而且会对我们未来的工作提供有效指导。当然，上述信任和文化不是简单的搭配就可以构建起来的，而是要经过长期的行动。在这两个例子当中，其合作都在十年以上，正因如此才形成了默契和牢固的文化基础。

TCL走出困境多年后，笔者再度回顾和总结了其重生过程中的文化力量，也得到了“鹰妈”许芳女士的高度赞同，对于“鹰妈”本身的价值和理解，我们也都拥有了新的认知。

总之，我们要对学习保持积极主动的态度，要学会在事后认真总结和发现新知。有些时候我们给了“事后诸葛亮”一些负面的色彩，但其实也应该看到这个词可以带给我们的正面意义或正面启发。只是要注意，事后分析的目的一定不是贬低别人、抬高自己，也不是试图去批判和埋怨过去，而是要以谦卑的心态从中学习，并且找到对未来有帮助的新知识。所以，其实我们不是要做“事后诸葛亮”，而是要通过学习去做诸葛亮。诸葛亮的博学一定离不开对很多事情的细心分析和学习，当我们自己也这样用心学习和总结时，未来真有可能像诸葛亮一样料事如神。

二是要打开学习者的话匣子。我们不仅仅要个人学习，还要把个人学到的知识分享给别人。

不过，有时候一个人说的话别人不爱听，这与说的话有关系。如果一个人总是吐槽，总是挑毛病，但却给不出解决方案，这种话就不太受欢迎。所以，个人在学习时，首先要自省，学习是总结知识，是找出面向未来的更好解决方案，而不是只找问题，也不是给自己的缺点找借口。如果一个学习者拥这种积极正向的学习习惯，作为一个真正懂得学习的组织，就应该珍惜这样的学习行为，并且努力打开学习者的话匣子。

因此，组织要有开放的通道，如会议，让这些人发出声音，倾听这些人的工作方法以及工作建议，这将是组织的宝贵财富。同时，组织要对这些发出的声音予以肯定和奖励，这样才有会更多声音浮现出来。

换言之，如果我们个人没有进行真正的学习，等于自己约束了自己的话语权，导致开口困难。如果组织没有敞开心扉去聆听成员的学习成果，同样是在约束成员的话语权，最后就会导致组织的学习氛围变得沉闷，大家谁都不说话，死气沉沉。

三是双向互动。个人学习和组织学习环环相扣，并且是双向的，不是只要求个人为组织贡献知识。个人之所以可以为组织贡献知识，除了追求认可或奖励之外，还有一个非常有说服力的驱动力，就是组织也可以贡献给成员知识。

因此，和人的学习一样，组织也要安下心来给自己学习的时间，也需要不断去学习并且把好的知识分享给成员，不论是对于未来的畅想还是具体的工作方法。这样成员就可以更明确和准确地开展自己的工作，再把工作习得的知识反馈给组织，从而双方形成了相互促进的互动，并且可以循环下去。

不论是个人还是组织，双环学习意味着一箭双雕，不论谁学到了一点新的东西，个人和组织两个部分都同时增长智慧，并且因为双向的互动，知识将呈现出指数级增长。

最后，如果真正懂得了双环学习就会发现一个很有意思的事情，那就是在学习上，人和组织应该不停地赛跑，人不学习就会跟不上组织，组织不学习也跟不上个人；人和组织相互激励，共同向着积极的方向奔跑，共同成为领先者。当组织成为领先者的时候，个人也必须成长为领先者；当个人成长为领先者的时候，组织也要成为领先者。其中的逻辑，正是两者同时学习，齐头并进。

变革型学习理论：树变革新风，立学习风气

变革型学习理论是变革理论和学习理论的合体，是说领导者在做变革的

时候要把学习意识灌输到整个组织当中，用学习来推动变革。

这个理论实际上是借助了两个概念，即变革型领导和组织学习。面对不断变化的环境，变革成为领导者的重要工作，而组织学习则是一种可以让大家对新知识达成一致的方式。所以，当变革型领导者需要大家对公司的新方向达成共识时，两者自然就走在了一起，协同产生了变革型学习的工作方式。这时候的学习就镶嵌着变革的基因，因为大家学习的就是变革。当然，其中还有几个层层推进的关键点，有了这些铺垫，变革型学习就会顺理成章。

一是基本前提。要进行变革型学习，首先得有变革型领导者。也就是说，领导者要有意识地关注环境的变化，要把工作的重心从处理组织内部的繁杂事务转向关注组织外部的经营环境，根据环境变化的趋势为组织找准前进的方向。领导者要把组织的愿景描绘清楚，这样大家才能去认识、理解和学习。

二是领导者要真爱学习。一个爱学习的领导者未必要在办公室的书架上摆一排书，这样的领导者可能爱学习，但也可能是装门面。真爱学习的标志是能够真切体会到学习对一个人成长的帮助。领导者就是通过一点一滴的学习成长起来的，所以要让身边的人也相信这种力量可以帮助更多年轻人成长。

这个时候，领导者一定不是想着把最好的知识摆在书架上，而是想着把这些知识注入年轻人的头脑；不是把年轻人捧在掌心，而是让年轻人去感受和体验真实的世界。领导者不仅要让自己把知识吃透，还要鼓励身边的人把知识吃透。不论是愿景还是工作方法论，当作为一种知识来对待的时候，就不能一知半解，就不能裱在墙上或束之高阁。把知识学到并且动手用知识，这才是学习的终极目标。

因此，一个领导者只是变革型领导者还不够，必须是一个真正热爱学习的变革型领导者。如果一个领导者自己可以做到这一点，就自然会在组织当中形成学习的氛围。

三是学习让人长大。如果一个成熟的领导者带领着一群小朋友进行南征北战，就得让这些小伙伴们像小大人一样才行，因为变革的战场上没有儿戏，一定是成年人的游戏。这里的小朋友或者成年人指的并不仅仅是年龄，而是心理或者认知的成熟度。人要长大，就得懂事；人要懂事，就得学习。

所以，不仅领导者要爱学习，成员也要爱学习，因为学习是人长大的方式。如果没有学习意识，不爱学习，就会总也长不大，长不大就很难肩负起执行变革的重任，甚至连保护自己安全的能力都没有。

变革和学习共同联手，或许就能妙手回春。

组织承诺理论：兑现许下的诺言

组织承诺理论其实主要是在讲人对组织的忠诚，当然这是组织很期望的一种状态。很多老板希望员工能为公司卖命，尽心尽力，如果心不在公司，出力也行，总之兑现工作目标就好。这是比较理想的理论，事实上，真正在操作时，企业必须意识到两点，才有可能达到这种效果。

一是一定要让人成长。“一将功成万骨枯”，自古至今，这种现象都在不断发生。事实上，管理作为一门现代的学科是有机会突破这个困境的，原因在于管理在催生大企业，而一个真正的现代化大企业一定是有更多机会提供给人们成长的。

这意味着，更多时候我们不是让人来为企业做承诺，不能一个劲儿地去讲人为企业工作。人应该为自己工作，企业只是在为人们创造成长的工作机会而已。这实质上是非常重大的认知转变。

一个人只会忠于自己的内心。有的企业整天喊着自己要成为世界五百强，但这并不是一个普通工作人员内心最根本的愿望，他们发自内心的愿望一定是自己的成长。相比企业规模，我们更应该谈人的效率，因为只有个人效率的提升才代表人的成长，才是个人可以触碰到的地方。

二是一定要帮助人获得幸福。在谈人对组织的忠诚时，除了“一将功成万骨枯”，还有一句古话也挺让人心酸，那就是忠孝难以两全。但是，现代企业在管理上有可能突破这个难题。因为现代企业的真正目标是可持续性，是让企业持续成长下去，是让人持续拥有良好的工作状态。而一旦“忠孝难以两全”，对人和企业来讲都是不可持续的。

如果让公司的绝大多数人都牺牲了生活和家庭幸福，那么公司迟早要为这个局面付出代价，包括牺牲人的健康、工作节奏，甚至公司口碑。人如果过度透支身体，健康状况就会出现问题，导致工作后劲不足，整个公司甚至会因此被冠以不人道的骂名。所以，一个好的企业应该在忠诚上寻找一个度，尤其是面对很多已经或要成家立业的人，这个度就是帮助人找到工作和生活的平衡点。

人从企业赚钱，要为企业卖力当然无可厚非，但是企业得帮助人更有效率地卖力，别做太多无用功，这样也许就能让员工省下一些时间来陪家里人，或者同样的付出可以赚得更多，这就是企业对人们工作的支持。只有支持到位了，员工才会更容易地为公司做出贡献。

总之，这两点更多是认知方式的改变，而一旦发生改变，就会引出更多具体的做法。因此，最根本的是，不要从单一的方向来看组织承诺。不能只让人对组织做出承诺，组织也得对人做些什么，只有双方相互承诺，让人和组织同时得到成长，让人和组织同时得到自己的幸福，才是企业管理该做的事。

组织公平理论：没有人能随随便便成功

组织公平理论认为，一个组织公不公平，会影响员工的行为。如果员工觉得组织是公平的，就会好好干活；如果觉得组织是不公平的，就会产生各种麻烦，如消极怠工、闹事、离职。所以，组织要尽可能保持公平，这对成员和组织都好。但是有些管理者不知道打造组织公平要从哪里下手，实际上只需要看两个方面。

第一个方面是结果。成员看组织是否公平，第一个最直观的途径是看自己的分配结果。如果忙活了一年，一看最后的奖金就那么一点儿，那么这个时候可能不会想太多原因，而是如同条件反射一般涌起一股不满的情绪。

但不得不说，组织的分配能力是有限度的，因为资源是有限的，业绩再好、组织再用力地去分配，其实也很难真正达到每一个人的预期，更不用说是超出预期了。在这方面，其实是无解的，因为组织资源的有限性和人员的无尽需求本身就是一对矛盾。所以，在结果上，虽然要站在员工的角度来看，但是必须要说，组织要做的只能是量力而为。如果一个企业没有那么多利润，非要打肿脸充胖子，把自己的口袋掏空，那么换来的是企业发展的后劲不足，反而让成员更加失望。因此，在结果上，企业要做一个平衡，在双方基本可接受的范围内公平分配。

第二个方面就是过程。可能从绝对值上来说，企业分配给成员的金额有限，但是，企业必须保证分配过程是公平的.这样，即便一个人拿的钱不是特别多，但是公司的分配机制是公平的，也不会有太大意见。怕的是有人干活不多，成绩一般，最后却没少分钱。这就麻烦了，因为分配过程不公平。

这个时候，员工就会给组织贴上“不公平”的标签。可别小看这种标签，凭借互联网和信息化时代的传播力量，还有“小道消息”“坏事传千里”的力量加成，这种标签会从内部开始不断蔓延，一旦传出去，对组织的破坏是非常大的，甚至是不可估量的。如果有不公正的名声在外，本来想来公司的应聘者也可能会重新考虑。

因此，不论有多少金额可以分配给大家，整个过程必须保证公平。千万别平均分配，更别任性分配。业绩好的一定要多拿，评价好的一定要多拿，并且要说清楚为什么这个人的工作给好评，另外一个人的工作给差评，要有理有据，这样别人就没办法挑理了。

这里要特别提醒的是，一个聪明的公司会把大家的注意力从关注结果转移到关注过程上来，关注程序公平。程序公平看的是标准，比的是谁付出得更多。如果只看结果，反而把大家误导了。最后，如果员工无法创造绩效，其实是公司的责任，因为没有把大家的关注点引导到过程上来。

不妨去问问其他的企业，也要问问自己的企业，几乎所有的员工都能说得出年终奖的结果等级是什么，如分为A、B、C三等，各个等级代表着多少奖金数额，但是需要注意，这是结果，会引导大家太在意回报，而忽略甚至忘记付出。如果去问每个等级背后的行为要求或者标准是什么，很多人都不能明确地说出来，甚至人事部门的人员都没有办法说清楚，更可怕的是，很多公司在这个部分根本没有制定清晰的标准，还有员工以为主管是在凭感觉给自己打分。这就太危险了，因为没有人知道感觉是什么样子。有的公司虽然有标准，但是没有清楚地告诉大家，或者没有引导大家注意，结果仍然是大家把所有的注意力都放在了回报上，从而导致很多人感到不公平。

所以，在这里要特别提醒公司和做人力资源管理工作的人员，公司有两样涉及钱的东西在给大家看的时候一定不能让大家只看结果。一是年终奖，千万不要只讲等级意识，而是要讲明为了获得这份奖励需要做出什么样的成绩。二是薪资职级，很多公司只罗列等级，但是员工并不知道定级的标准是什么。这样很可能导致一个结果，例如，过几年之后一位老员工突然跟公司说该给自己升级了，因为当大家不明确等级标准的时候，很容易用工龄去评估，这种引导会使整个公司的氛围出现问题。其实不能怪员工，是公司没有讲明白标准而误导了成员。工龄是自然增长的，以工龄为定级标准没有把大家引导在付出的方向上，甚至会滋生“混日子”的现象。因此，至少在大的职级类别关键分界线上要有明确的标准，并且要让大家全部知道。除了物质条件之外，荣誉的获得也是如此，如优秀员工、资深员工、首席员工、资深导师等，不要引导大家只盯着这个称号，而是要让大家关注这个称号背后的付出。

可见，真正的公平首先体现于过程，要看大家在过程当中的努力和绩效。管理者一定要把大家的注意力引导到这个正确的方向上。与此同时，作为一名员工，也要有意识地把自己的注意力往这个方向引导，道理很简单，因为这是正轨，自己很清楚努力的标准就更容易达成绩效，从而获得真正的回报。这种正确的引导对于组织和个人都是非常有益的：对于组织来说，借助这种正确的引导，会给员工带来相对公平的感受；对于员工来说，这会让大家更加努力，创造出更好的绩效，进而使整个组织的氛围变得更加积极。

在这方面做得最漂亮的无疑是管理学的开山鼻祖泰勒，一百年前他用了一个很简单的方法就把大家的积极性调动了起来。最初谁都不努力，因为大家发现每个人每天磨洋工也有一块钱。这个时候泰勒单独找到一名身强力壮的工人，问他想不想得到三倍的收入。工人当然很想得到，但是泰勒说需要付出很多，得按照自己开发出来的一套工作标准去做，于是这个人就开始这样去付出了。他在付出的时候，其他人都在偷懒，但是都看得了他的付出，最后，这个人得到了每天三块钱的回报。这时候所有人的目光都放在了这个人的付出上，并恍然大悟，原来如此付出是有意义的，于是大家就都开始努力了。所以，从某种程度上说，泰勒不仅开发出了一套科学的工作方法，而且找到了激励大家努力的窍门，这个窍门就在于把大家往付出上引导，让大家关注自己的付出和努力，这是极为明智的。

生活中的一些现象也是如此。包括投资人在内的很多人在看电影票房的时候，如果只看票房数字就会觉得很不公平，如有些电影为什么甚至凭什么可以有那么高的票房，而有些电影的票房为什么那么低。但是，不妨留意一部电影的处理细节，如电影《战狼 2》的票房从零开始到 1 亿元，一路飙升到 56 亿元，当外部都在谈票房的时候，片方也让大众看到了更多的幕后故事。例如，导演吴京最初创作这个电影系列的时候没人投资，不得不卖房子拍电影；吴京在香港电影界蛰伏十余年，出演配角不被重视，甚至被欺负；为了拍电影，吴京去部队吃苦训练两年，还学会了开飞机、开坦克；吴京为拍电影身受多处重伤，甚至很多电影宣传活动中吴京都是拄着拐棍。这一切都在呈现成功背后的付出，从潜意识当中引导大家的注意力。所以，当大多数人看到这些付出时，更多的还是给予了肯定，除了对电影本身的欣赏之外，也有对付出的赞赏。

其实，从根本上说，这些对付出的彰显并不是作秀，的确是一种正向的引导，揭示了一个最简单的道理：要获得高票房，背后就要有辛苦的付出。任何社会都需要多一些正能量，去彰显和表彰真实的付出，甚至我们的手机朋友圈也应如此。说得直白一些，我们不需要炫富、不需要攀比，我们需要的是看到付出。当我们营造起非常积极的氛围时，如果自己是一个一直在默默付出的人，那么不用担心，因为这种积极的氛围迟早会把这种正向的努力烘托出来，前提是我们要比别人付出更多，不论是默默地付出还是高调地付出。怕的是，真正拿出来比付出的时候，我们付出得更少，不够支撑想要的回报。当付出被晾出来的时候，一定是多劳多得，这就是公平的永恒规律。

所以，公司要引导大家有正确的关注点，去关注过程中的努力与付出。方法只有两个：一是把付出标准明确下来，要说清楚A、B、C三个等级的工作标准是什么，而且这就是奖励的标准。例如，C级以下是无法完成任务，C级是可以完成任务，B级是可以高效率地完成任务，A级是超高标准地完成任务，并且有很好的团队精神和创新精神。诸如此类，这样才能让人看到付出与回报之间的关联。当然，这个部分不需要过于复杂，简单清晰就好，从而容易让大家记住，重要的是切中关键点，如执行力、品质、效率、超水平发挥、团队精神、创新精神。

二是要把这个标准公开，让大家都知道并且重视这些标准。这样对于个别不努力的人来说，即使得不到奖励他们自己也无话可说。当然，这是恨铁不成钢的气话，事实上，对于这些不够努力的人，更需要让其知道标准。不论如何，公司都要竭尽全力把每一个人往正确的方向上引导，公司要相信，通过持续地改进和强化，组织和人都会步入正轨。

这就是处理公平的艺术，表面上看是追求结果，其实是追求过程。当很多人争着去设计结果的时候，真正懂得公平的人在做过程设计，引导大家更加积极努力，这对组织和个人而言无疑是最有力量的行动激励。

组织生态理论：共生而非寄生

组织生态理论其实是在说组织的一种活法，就像人是群居动物，生活要依靠组织，组织也是一样，组织的一生是在生态系统中度过的。这意味着，组织活得好不好，与组织所处的生态密不可分。组织生态理论听起来有些抽象，但如果记住三个关键词，用这个三个词去扎根生态，这个理论就可以落地生根了。

第一个关键词是共生。共生的意思是共同走过一生。一个组织无法独立面对生、长、存、亡周期，必须共同生活。这是理解组织生态理论的基础，或者说是该理论的一个最基本的理念。

第二个关键词是生长。很多人以为共生是组织生态理论的核心，其实共生更多的是一种外在现象，当我们往内看的时候就会发现，生长才是核心。大家在一起生活其实不是为了在一起而在一起，而是为了生长。在这里之所以只说“生长”而没有说“存亡”，原因在于，组织是可以打破“死亡魔咒”的，一个人很难活到百岁，可是一个企业却可以成为百年企业，甚至千年企业。不过，原因不是“大而不倒”。很多人以为规模可以抵御死亡，可是现实中倒下的大企业比比皆是，甚至大企业因为行动缓慢、反应迟钝，或是骄傲自满、目中无人而更容易倒下。恐龙这种巨型物种的灭绝，就是最好的例子。

要从“大而不倒”到“长生不老”，关键在于“脱胎换骨”。这就是坚守“生长”信念应该付出的行动。我们所处的生态要跟着环境去变化，在这个过程当中，没有发生变化的个体就会倒下，而发生变化的新个体将组合成新的生态继续在一起生活。所以，组织生态是一个“铁打的营盘”，当中是“流水的兵”，如果你不生长，就会被淘汰。因此，共生是基本理念，但生长必须成为组织坚持的信念。事实上，对于个人来说，道理也是如此。

第三个关键词是贡献。这一点特别需要说明，因为我们处在这样一个常态中，大家似乎都默认了：在这个系统当中一个萝卜一个坑，甚至随着人口增加，僧多粥少，于是每个个体都不断为了占领某个生态位而相互厮杀，拼个你死我活。这种做法首先已经不符合共生的理念，一定不会形成长久的状态。我们不否定一个生态系统中有各种各样的位置，但是出发点却不是从竞争的角度去争夺某个点，而是要对整个生态系统有所贡献。

所以，一定要懂得，“生态位”是用贡献的方式“生”出来的，而不是用抢夺的方式“撕”出来的。所谓僧多粥少，一定是一个扭曲的生态位之下的产物，因为没有生出新的生态位，而其根本原因在于缺少价值贡献，彼此寄生而非共生。

因此，坚持生长的信念，用贡献的方式参与共生，才能成为生态赢家。

社会认知理论：认识美好社会

社会认知理论提供给我们一个系统认识社会的视角，一方面是认识环境，另一方面是认识自己。如果我们认识了自己以及周围的环境，就等于认识了社会。这样的角度给组织管理带来了启发，可以帮助人更好地认识社会，进而提升自己和贡献环境。

认识环境的主要方式是学习。为了帮助人学习，组织管理要做的是提供一个学习场景。这个场景可能是一个榜样，让人们知道组织提倡的是什么，知道自己在成长道路上还缺少什么；可能是一份说明，让人们知道什么是可行的、什么是不可行的，什么是可以触碰的、什么是不可以触碰的；也可能是一个模板，让人们“依葫芦画瓢”；也可能是一条线索或实施路线，作为人们学习的一盏台灯而使大家避免摸黑；也可能是一个创新需求，让大家知道目的何在，在创新路上有的放矢。

总之，从根本上要做的是让环境从抽象化变得具体化，好让人们更容易触摸到环境的真实脉搏。做企业不需要故弄玄虚，不需要让人们捕风捉影，一定要实实在在地帮助人们用最高效的方式发现企业的精要和个人努力的方向。

认识自己的主要方式是自信。如果我们不能相信自己，不能确信自己可以做什么，不能确信自己可以把事情做好，那就等于没有认识到自己。每个人都一定有很多美好的地方，只是有时候我们可能没有认识到而已。

在这方面，组织是可以提供帮助的。为了帮助人们确立自信，组织管理要做的重要工作是肯定。我们不要小看了肯定的力量，肯定的本质是一种正向的反馈，结果是亮点的呈现和强化。

之所以要特别提这一点，是因为我们很习惯用“否定句”，尤其是在评价别人的时候。有的人列举别人缺点的时候可以滔滔不绝，但是列举别人的优点时反而会为难，这就是自己管理能力不够的一种表现。

组织管理要能给人带来信心，并且重点是要发现别人的亮点，这种亮点对于个人和组织而言都有创造价值的意义。组织管理要从思维方式上进行调整，要看到平凡人不平凡的一面，要善于肯定和发现人的长处，让人看到自己美好的地方，让人拥有自信和正确的价值释放方向，从而真正成就人和组织。如果组织管理的结果是人们越做越糊涂，越来越怀疑自己，那么整个组织也会陷入迷途。

此外，在肯定别人的时候一定要及时，要在别人做到的那一刻即刻给予肯定，因为那个时候人的感受最深刻，从而真正准确地知道自己究竟哪里做得最好。

不可否认，认识社会最重要的责任还是在自己，所以我们要主动发现和学习组织中的美，发现和肯定自己的美。当我们可以捕捉到这些美好时，就真正认识到社会的美好了。

只是对于组织而言，最好不要袖手旁观，不要只是静待一个人的成长，最好去帮人一把，因为个人能力是有限的，同时，很多人内心的确需要一种外部的肯定。组织作为一个社会单元，为帮助人们成长，可以做的事情就是搭建学习场景并及时予以肯定。其实这个时候组织不仅搭建了一个场景，而且描绘了一幅人从无知到成熟、从丑小鸭到金凤凰的动态成长画面。

社会变革理论：邪不压正

社会变革理论呈现出来的是社会进步的真理：即便有顽固的旧势力存在，社会终究会走向光明。组织作为一个基本的社会单元，在进行变革的时候，艰难险阻是必经之路。组织要活下来，必须遵循邪不压正的规律。当然，正义获胜不能只是依靠蛮力，还要依靠智慧，实际上是斗智斗勇。

对于变革中的阻力，可以采用顺杆爬的方法。就像是面对孩子不爱上学、挑食等不好的习惯，那就顺着这个负面的力量走下去，直到触碰到人的敏感底线。不爱上学这个负面力量的底线就是辍学，真正触碰到这个底线的时候，厌学的势头就会弱下来。这个时候，就像是冰到了一定的温度就会融化一样，顽固的阻力就开始解除。

企业变革也是一样，应给予一定的温度让原有僵化的习惯感受到不适。如果总是不疼不痒，阻力就无法解除。事实上，在变革的逻辑中，首先应该让大家伙儿都感受到如果公司还是按照老路子走下去会是什么样子。

所以，变革过程是没有任何隐瞒的，不好就是不好，不对就是不对，但是得让人们知情，并且要让人们死心。顺杆爬就是让人知道，沿着老路走下去将是死路一条。这个时候，明白人就不会再去钻死胡同了。不见棺材不掉泪，不撞南墙不回头，类似的表达在反映了很多人的习惯的同时，也恰恰呈现出了顽固本身的弱点：没有顽固不化，只是没有触及要害。

今天有的首席执行官开诚布公地讲公司不变就得死，逻辑就在这里，虽然话不好听，但是可以保住公司的命，不让大家的生活断了粮草。而有的公司今天闹得欢，明天就倒闭，原因在于缺少对公司生命的真实感知和敬畏，不懂得沿着正确的方向不断改进。其实，向死而生才是真正的向生而生。一个体弱多病的人未必不如一个健康的人长寿，关键是我们对于生命的认识和尊重。企业和人都是同样的道理。

解冻之后，公司就走上了正路子，可是这条路走得久了，也可能会渐渐不合时宜，从而又僵化为一条老路了。这个时候，沿着这条路再往下走就没有希望了。于是，新的循环开始，这条老路开始变成死胡同，而新的路径又会在变革当中形成，不断循环，生生不息，这就是组织和社会进步的真实写照。

因此，不要看这条路以前有多好，而要看现在和未来好不好。组织和社会的进步呈螺旋式上升，在这个过程中，我们会向着前进的方向走出一条条的新路和老路，只有新老交替，才能保证我们一直走在光明之路上。

社会助长理论：挺拔心姿成就挺拔身姿

社会助长理论告诉我们，人要成长，需要到社会中去历练。当然，放在企业管理中，这个社会也可能指一个群体或者一个组织。对于每个人来说，社会可能有不同的含义，社会究竟是一个让人迷失自我的“大染缸”，还是一个让人展现自我的“大舞台”，答案取决于我们自己。人首先要清楚，一定要在社会当中正向成长，在这个基础上，还要知道怎样才能正向成长。

一是激发内在动力，从群演变为主角。事实上，在任何一个社会单元当中，总有人顶着主角光环。在赛场上，很多人的焦点会放在冠军身上，企业和任何一种群体也常常如此。我们也许就在一个角落，成了被冷落的人。但这恰恰是人经受社会历练的第一步，如果在冷落当中自己把自己放弃了，就等于退出了舞台。相反，我们需要把这种冷落转化为一种巨大的成长动力。

很多人习惯于沉浸在冷落当中，把冷落当成很痛苦的事情，并经常找人去诉苦，因为一旦倾诉完了，尤其是当找到知音的时候，就会觉得痛快很多。可是要成长就不能在冷落当中减压，反而要加压；不能把时间花在诉说郁闷上，而要学会承受和不屈。

二是脸皮要厚一些，别太在意别人的评价。很多人总会担心，自己的想法和做法如果被别人嘲笑或者看不起怎么办。事实上，所有的创新在一开始总是显得有些怪怪的，如果太在意别人的看法，创新就会被别人的想法压下去。

人们常说，“枪打出头鸟”，因为太多人总是愿意接受他们习惯的东西和做法。然而，我们要拥有真正的创新，就要敢于打破常规，要知道创新和前进之门在自己这里，而不是在别人那里。

当然，一定不是无原则的厚脸皮，更不是非法的厚脸皮，而是为了自己的创新之路而放下所谓的颜面，这恰恰是一场很艰苦却很值得的修行。

此外，厚脸皮也是在克服内心的脆弱和不成熟。如果稍微经受挫折和失败就承受不了，那么看似是在维护自己的脸面和自尊心，实则是在伤害自己的创造力，因为一个有冲击力的创新要承受很多失败，才能破茧而出。因此，只有炸裂自己的自尊心，才能开拓一条创新之路。

三是要有强大的内心世界，不能焦虑。焦虑会让人乱了阵脚，并且很浪费时间，结果就是不能把该做的事情做好。企业也是如此，很多企业的业绩下滑其实都是因为被对手搅乱了心神，这是我们应该保持警醒的。

四是要有专注力，从分心变为聚焦。焦虑其实是因为没有把自己定在自己的焦点上，所以就产生了多虑。环境越复杂，越多元化，变化越快，人们接收到的信息就越多，也越容易分心。可是我们的心只有一个，所以应该一心一意去做事情，专注于自己的赛道。

来看看“忙”这个字是怎么写的，一个“心”，一个“亡”，当一个人忙得不可开交的时候，心就亡了。如果我们操了很多心，都是在给别人操心，那么哪怕是把心操碎了，最后也许只能得到一个忙字，而没有忙出成绩。原因就在于，我们太过于分心了，当我们分心而别人专注的时候，我们的忙就会变成瞎忙，别人的忙就会做出成绩。这就是两个人看似都很忙，两个企业看似也都很忙，但结果截然不同的原因。成功的人和企业在忙的背后，一定有一个主心骨。

忙不到点子上就是瞎忙。人要避免瞎忙，就要让自己在操心的过程中学会省心，省心的办法就是管理好自己，做好自己该做的事情，别瞎想。这样，有一米阳光照在心里，心理能量就会得到复原和存储。这个时候，忙这个字就变活了，因为聚焦在应该忙的地方。

五是要有耐力，坚持历练和成长。这是在社会中成长最难的部分。上面这些内容很多时候我们可以在一段时间做到，但未必能持续做到。例如，如果一个人创新成功之后脸皮变薄了，生怕自己下一步的做法不被人接受，那么这时候成长就会遇到麻烦。因此，要继续成长，就要重塑自己的内心世界。

总之，想要社会帮助我们正向成长，自己应该有一种挺拔的心姿。这种心理姿态只能内生，只能是我们自己给予自己。

社会身份认同理论：配得上自己的身份

社会身份认同理论是说，在社会或者一个社会单元当中，人都有自己的身份，要让这个身份发挥出价值，我们就得认同这个身份。一个人从学校走向社会后，对于学校来说，这个人的身份就从在校生变成了校友。我们发现，很多学校强大是因为校友的力量，而这个力量的释放实际上来源于校友对于校友身份的认同感。这种认同感又可以进一步追溯至学生时代中，学校这个组织是怎样与学生进行互动的。

因此，回到组织管理上，组织可以帮助人确认身份并发挥身份的价值。组织一定不是只发一张学生证或者工作证就可以了，反过来说，个人也不是有了这个身份凭证就自动认同这个身份，中间还有很多社会化的工作要做。具体来说，至少有三点：

一是价值观和工作目标的清晰化。组织首先要与成员做价值观的交流，当然前提是组织自己的价值观非常清晰；其次，组织要就工作目标或学习目标与成员做准确的交流。这个工作的结果是让身份清晰化，让身份的含义更加明朗，将身份从一个单纯的身份凭证转化为一个饱满的人物角色。如果缺失了这一步，人们不但不会认同身份，反而会迷失身份。

二是要支持身份获得成功。一个人的身份确认和认同需要经过结果的强化。一个企业或者一所学校给成员明确了身份的意义和目标之后，如果这种意义和目标得不到实现，认同就会被弱化，尤其是在个体已经非常努力的情况下。因此，要继续看企业和学校对个体身份的实现提供了哪些支持，尤其是在个体努力之下仍然欠缺的部分，组织的资源如果在这里可以到位的话，就会给人留下非常深刻的印象。只有身份得到了验证，身份和人才会化为一体。

三是要让人的身份发生变化。在组织管理当中，这种变化意味着升级和转型。企业里的升级意味着职级的提升或者从基层、中层再到高层的提升，转型则意味着身份的转化，如从员工到合伙人，从经理人到企业家。学校里的升级意味着知识的升级，而不仅是年级的升级，转型则意味着从学习者变为行动者。如果企业和学校不能帮助人们实现这样的身份转化，那么不仅会失去成员的身份认同，还会失去很多让各种身份创造真实意义的机会。

当然，在身份认同的过程中，个人也不能仅仅依赖于组织，因为身份认同其实是双方的事情。个人有必要牢记自己的身份，有必要为了这样的身份而不懈努力，更有必要主动让自己发生改变，从而创造更大的身份意义。社会实际上是由个人及大大小小的社会单元构成的体系，组织作为其中的一员，同样应该发挥主动性，不断拓展自己在社会当中的身份价值。这样一来，结果一定是一个充满秩序、彼此尊重和正向前进的社会。

最后，应该回到一个人对于身份和尊重的需要上来，这种需要人人都有，但是我们必须清楚，要用勤奋赢得身份，要用勤劳的双手来获得尊重。外界最多只能赋予我们身份，但如果身份离开了行动，或者说有身份而没有实际行动，那么我们就对不起自己的身份，对不起组织对我们的认可和支持，对不起社会给予我们的接纳和肯定。因此，社会当中有无数的身份，只有积极行动，践行好自己身份，才能赢得尊重，这才是对身份的真正认同。

社会比较理论：跳出比较的陷阱

社会比较理论是在说一种普遍存在的社会现象：人们习惯于比来比去，从这个比较的过程当中会获得一些感受或是对自己的一些认识。比较在生活和工作中无处不在，这就更需要我们来认识比较的意义。比较是一个主观的行为，但对此应有以下四点客观的认识：

第一，比较的结果往往是满意解而不是最优解。也就是说，我们通过比较，往往只能得出比较不错的答案，但得不到最优的答案，这也是比较级思维和最高级思维的差别。很多人会采用比较级思维方式，因为比较级思维有可能生成一个“舒适区”，也就是“比上不足，比下有余”。所以，很多时候人们看看比自己强的，再看看不如自己的，就会产生自我满足感。

当然，在这一点上没有绝对的对错，只是价值观和选择的问题。但是要知道，如果你的志向是追求最优，那么只做比较就可能不够，需要有更直接的目标来驱动。

第二，如果要攀登上制高点，就要走出舒适区。这意味着要放弃比较的心态。如果一个企业只是盯着同行看，大家怎么做自己就怎么做，那么就会陷入一个舒适区里。可是，这个舒适区就有可能成为未来被淘汰的伏笔。有的学生到了交作业的时候先看看身边的人有没有交，如果都没有交，自己就会舒服很多，紧张感就会降下来。可是这样的话，大家就共同违背了目标，渐渐地，目标的尊严和意义就没有了，大家的学习成效就会共同下降。实际上，我们目标感训练的缺失正是缘于这样一些看似不起眼的小事。

同样的道理，做产品真正看的是顾客而不是同行，永远盯着顾客看的企业要么登上行业之巅，要么直接颠覆行业，开出一片新的疆土。这就是拒绝安逸和平庸的最高级思维方式。其实，“温水煮青蛙”就是用了一种比较级思维方式，青蛙的生存能力是在舒适区中逐渐丧失的。事实上，如果一开始就去面对沸水，青蛙是有绝对的弹跳能力来逃生的。

第三，要学会做异类比较，而不是同类比较。我们常常默认的比较是同类比较，也就是找和自己近似的人或事来比较，但这样的比较往往会大同小异，因为本身就是一个类别或者处在一个水平量级上。

从根本上讲，这是由人的归类思维习惯造成的。我们对信息的加工常常采用分类的方式，把事物分成不同的类别或属性。但是，深加工的方式就不仅仅是分类了，而是要进行类别间的关联处理，从而得出知识，让信息变得更加高级，成为真正有用的知识。

要想拥有真正的收获，或者取得更大的收获，就得跳出现有类别，向不同级别或类别的人和事物学习。这样，不但有机会进行优势集成，更有可能做出不同于任何一个类别的创新。因此，只有跨越自己的量级和类别，才能找到真正的高手，也只有翻越自己的“自留地”，才会发现原来高手如云。学习和创新都应该出现在那个层叠起伏的云端，而不是自家田园。

第四，不要把太多精力耗费在比较上。比较是一个非常耗时间的活动，很多时候，比来比去，自己的宝贵时间都被耗进去了。真正的大好时机常常在比较的过程当中逝去了，真正的目标也常常在比较的过程当中被忽略了。

因此，组织千万不要误导大家养成互相攀比而迷失自我的习惯。组织管理通常会做人员的绩效评价，这个标准一定要一针见血，并且结果要一步到位，让大家明明白白地知道自己哪里做得好，而不是引导大家去看谁比谁做得好。组织不能坐山观虎斗，因为人才不是组织的对手，人才之间也不是敌对关系，大家应该一致对外，把精力放在如何解决市场问题和把握市场机会上。

综上所述，组织管理最重要的是把大家往目标上引导，而不是引导大家把注意力转向同事，这样大家才能真正解放自己，集中精力创造出真正的高绩效。

社会资本理论：有价值的自己才是真正的资本

社会资本理论是说，社会关系也是一种资本，通俗一些讲，人脉也是一种资源。由于我们都身处社会关系网络当中，所以对这个概念并不陌生，但不见得能够用对，甚至很多时候还会误用。要正确运用，需要注意以下三点：

一是要明确人脉资源的本质。人脉资源的本质是资源，而不是关系，因此，不要为了关系而去设定关系。这意味着，对于企业来讲，在判定和建立人脉的时候必须判断并发挥其作为资源的价值，资源的核心判断标准就是能够创造价值，尤其是对顾客的价值贡献。如果这些关系不能创造价值，或者用在了价值创造之外的部分，那就不是人脉资源。

人脉资源不是圈地运动，尤其是在组织内部，不要拿人脉资源来排除异己，也不要拿人脉资源来搭建小团伙，更不要将人脉资源作为一种势力来进行有意图的施压。否则，资源就被内耗和浪费，更准确地说，这时的人脉资源已经不是资源，因为不能创造价值，而仅仅是一种创造损耗的关系。因此，需要不断审视我们的关系网络，不要让人脉成为开放和变革的障碍。人脉是用来创造价值的，这一点至关重要。

二是要知道人脉资源的来源。人脉资源通常有两种来源，一种来自血统和人情，另一种来自交易。血统和人情是偏感性的部分，往往是在家庭、课堂、左邻右舍、乡村、小城镇等社会单元的初级或基础阶段生成，这个部分更多靠的是一种积累，是时间的陪伴，也就是我们常说的日久生情。所以，如果想要搭建感性的关系，没有足够的时间投入和共同经历是很难做到的。交易则是偏向于理性的部分，是可以短期做到的，这个部分要花的或者要牺牲的不是时间，而是可以为交易本身创造的价值。如果彼此的交易可以创造出更大的价值，或者说可以拿出这些真实的价值来给彼此，那么就能够搭建起彼此的关系。所以，交易往往在超大型组织、大城市这些更加庞杂的社会单元出现。在这些地方，大家并没有太多的情感基础或社会关系，彼此的独立性相对更高，更多依靠交易价值来建立关联。

了解了这些就会知道，人脉的确是需要培育和积累的，需要花时间和成本。当我们进入不同的社会单元时，要清楚用什么来建立社会关系，朋友关系有朋友关系的建立方式，交易关系有交易关系的建立方式，一般不能混用，否则就有可能朋友做不成，交易也做不成。

三是不要过度依赖人脉资源。人脉资源给人比较大的误解或诱惑在于，人脉太重要了，甚至只要掌握了这种资源，就可以完成自己想要做的很多事情。这实际上只是表象，因为根本的成功因素还是自身，而不是外部关系。换言之，如果自身实力不够，谈再多的社会关系也没有用。社会关系一定是在个体有能力的时候才能真正发挥作用。所以，要提醒自己，不要只去搭建关系网而忽略了自身提升。一定要让自己有真功夫，否则，自己就有可能在这个关系网当中“漏网”。

因此，从本质上讲，是你的高度决定了你可以进入的圈子。要提醒自己，时代越趋向于理性，市场竞争越充分，就越要让自己多一份“被利用”的价值。这不是贬义，反而具有更加积极的含义，因为只有如此，才能帮助身边的人创造价值，我们所在的社会才能更有价值。否则，自己就可能成为身边人的负担，总是给别人添麻烦，甚至给社会进步“拖后腿”。没有任何资源可以代替自己的努力，要推动人群和社会进步，唯有努力让自己成长。

社会网络理论：创造并集成有价值的个体

社会网络理论告诉我们，人是处在社会关系网络当中的，这个网络关系不论是从感情需要的角度来讲，还是从理性完成任务的角度来讲，对我们都是有用的。这种网络对于企业来讲也是一样，因为企业也是存在于网络关系当中的个体。事实上，社会网络这个词很多人已经不陌生，但不见得可以把握其中的一些做事之道，具体包括：

第一个是占位。先占位，也就是先占个地方，别管是站票、坐票还是卧铺票，别管是经济舱还是头等舱，先上去再说。今天很多人都很喜欢站 C 位，这样的中心位置会有很多光芒，也预示着在网络当中拥有重要的支配力。可是别忘了，这个位置不是一上来就能站到的。理性的认知应该是，先有落脚之地，再有一席之地。先进入网络要比位置更为重要，因为既然是网络，人在当中的位置就是可以迁移的。但是进不去的话，就失去了迁移的机会。

当一个人真的可以一步一个脚印去挪动的时候就会发现，每个位置都有自己的定位和存在价值，将其存在价值找出来，每个位置都会发光发热。此外，相比争抢，钻研更有价值。站在一个平凡的位子上，发挥出自己的价值，位子就会变得不平凡，进而引来聚光灯，变为中心位置。

第二个是把握关系的火候。在处理关系上要切记，不是关系越好就越好用，或者说关系越好结果就会越好。如果把关系处理过头了，如过度亲密，就会变成一种干涉，反而不利于关系发挥效力。所谓君子之交淡如水，正人君子之间的交往一定会让彼此感到舒适，既不过度亲密，也不过度疏远，知己知彼又相互尊重，相互扶持又不提过分要求，点到为止，而这个时候关系的力量是最强大的。因此，一定要把握好火候，这是必须要有的意识，否则，网络绷得太紧，就容易崩盘。

第三个是八竿子打得着。以前我们常以为很远的人是八竿子打不着的，但事实上，世界比我们想象的要小得多，基本上再远的人八竿子都可以打得着，换句说话，我们自己也可以被八竿子打到。这意味着我们要尊重身边的每一个人，身边的陌生人有可能会成为我们生意中的“亲戚”，而对于身边认识的人，更要珍惜和尊重。认识和守护好身边的人，其实就是在认识和守护整个世界。

很多人说，世界那么大，好想去看看，但换个角度来说，世界并不大，看好身边的人和事，就能看好世界。

第四个是善于媒人。社会网络本身是可以拓展的，并且拓展的速度可以呈现出指数级增长。因为有同时处在多个重要关系网络的媒人在，所以找到一个突破口就有可能开辟新世界。

更重要的是要意识到，我们自己就是媒人。一个媒人可以从牵线搭桥开始，成长为无所不包的平台。这意味着，不论是个人还是企业，做好自己本身就是一种集成优势，这样自己就容易成为一个纽带，吸引或拉动身边的人或企业。例如，一个成功超市的厉害之处一定在于可以帮助厂家找到想买产品的人，或者说，可以帮助买东西的人找到想要的产品。媒人的意义在于被周围需要，这个朴素的道理我们不应该疏忽。

社会交换理论：互惠互利，结为共同体

社会交换理论说了一个很简单的道理：人们常常通过交换来满足自己的需要。这看似是一个常识，却埋藏着一些陷阱，所以需要我们把交换看透彻。

一是交换原则，即不要让对方吃亏。这意味着，自己不要总是占便宜。交换一定不是“零和游戏”，如果一个人总是吃亏，另一个人总是占便宜，那么这种交换就很难维系。因此，交换的八字方针是，各取所需，彼此受益。其中包含了两层意思：一方面要确认彼此的需要，另一方面要在最终结果上让彼此受益。交换的结果一定是双方都有满足感，否则就违背了交换本身的含义。

所以，人要保持感恩，因为哪怕是一个苹果，也不是平白无故从天上掉下来的。拥有感恩之心，甚至在一定程度上适当地拥有一些“亏欠感”，反而更容易让自己看清楚自己和周围的交换关系。

二是交换条件，即彼此有好感。交换有一个前提，即我们在交换之前，往往对另一方在心理上有一些期待，也就是想从对方身上得到一些什么。再通俗一点说，就是看到对方身上有自己喜欢的好东西，从而有了交换的想法。有了交换的想法，再秉承交换的原则，之后就会得到另一种感觉，即信任感。从好感到信任感，就会进一步强化彼此之间的欣赏。这种升级版的好感将会

促进新一轮的循环。

不过，如果违背了交换的原则，例如，别人对你有好感，同时也给予了相应的付出，但是你却不能给对方回报时，就会破坏好感，无法建立起信任和欣赏。因此，交换的前提实际上是一种彼此的吸引和诚信相待。“一手交钱，一手交货”，任何一方不能总是拖欠，只会“打白条”和出“空头支票”，否则信任就没有了。

三是交换顺序，即先填饱肚子。交换内容有经济层面的，也有情感层面的，所以，一种是“你出钱，我出力”，另一种是“你有情，我有义”。在公司的内部交换中，获取人们短期回报的最快方式就是给钱，而要让人和公司“长相厮守”，甚至想要让一个人把自己的全部所学和才干都奉献给公司，感情的确是重要的砝码，包括组织和人员之间的相互欣赏与价值肯定。不过从先后顺序上来讲，经济层面是基础，如果连饭吃不饱，怎么“长相厮守”呢？

四是交换升级，即从交换到合作。从某种意义上讲，交换更多是经济学使用的语言，管理学可以从硬币的另一面来看问题，并且做一个有目的性的升级。交换应该成为合作才更有意义，也就是说，交换不仅是看对方所需，不仅是获得各自想要得到的东西，还是双方共同完成一件事情，在完成事情的过程中使各自的需要得到满足。

这样的管理视角会带来三个好处：一是因为有目标的完成和产出，所以保证了双方利益的实现。换句话说，目标的完成和产出意味着有共同的价值创造，而不仅是单纯的交换活动。二是会把彼此的关注点从个体利益转变为共同利益。三是有助于培育长期的交换活动，因为有价值创造，大家会觉得越交换越有意思。这三点的结果是增加了彼此之间的黏性，从彼此交换的“个体”成为“共同体”，从而持续创造价值和分享价值。这种价值交换可以让原本不相干甚至孤立的个体真正联结在一起。

因此，回到管理的角度，彼此不是为了交换而交换，而要为对方分担一部分完成共同使命的责任。只有结为价值共同体，用价值创造赢得更大的满足感，才是更具价值的交换。

社会营销理论：唤醒营销的初心

社会营销理论帮助我们拓展了营销的视野：营销要真正对社会有价值才能让自己有利可图，并且社会当中的任何一个个体都可以做营销。所以，这里实际上包含了两个意思：第一个意思是要拓宽营销的视野，学会登高望远。营销的工作是要发现社会问题和贡献社会价值，从本质上说，营销是让社会变得更美好的方式或工具。如果这样看，就会发现更多机会。第二个意思是要拓展营销的宽度。营销不是企业的专利，不仅企业要做营销，非企业组织和个人也要做营销，当每个人和每个组织都在进行有效的营销工作时，人、组织和社会都会变得更好。

如果我们懂得这两个意思就会知道，营销实际上是一份需要情怀和胸怀的工作。为了做好这份工作，我们还需要对以下四点有理性的认识：

一是要有拿得出手的产品。不论是人还是组织，在做营销时，说一千道一万，必须要拿出真材实料。人和组织都得拿出让别人感兴趣的产品，这是营销最根本的支撑。这其中又有两个要求：第一个要求是让自己有特别之处，第二个要求是切中内核，一定不是为了特别而特别，关键在于能否从形式深入到内核。如果只是做了很多表面工作，那么就不会有竞争力。

事实上，产品的内核并不是产品，作为实体的产品只是一个载体而已。例如，从根本上说，读者并不是在看书，而是在看知识。从这个角度我们就可以知道，书商显然不是在经营书籍，而是在经营知识。如果意识到这一点，经营思路就会被打开。

二是要找到对产品有兴趣的人。有了拿得出手的产品，就要找到真正识货的人。坦白说，我们在营销上犯的比较大的错误在于，没有找到产品真正的买家。也许我们做了很多营销努力，但对方就是不买账。从根本上来讲，还是因为没有找到可以把我们的产品价值提升到最大化的人。“情人眼里出西施”，这从另一个角度启发我们去思考，谁真的看好我们的产品。产品价值最大化不是我们自己来判定的，而是产品的“情人”来判定的。所以，别人不买账一定不怨别人，只是我们自己的产品没有与别人形成最佳匹配。为产品找到买家只需要两个条件：一是我们有拿得出手的产品；二是营销者自身的努力，让产品和顾客真正相识相知相守。

因此，营销不是推销产品，更不是强买强卖。做营销工作的人要非常深刻地理解产品本身，否则就找不到合适的营销对象。营销人员理解产品的一个方法就是多与产品在一起，另一个简单的方法是多与研发人员在一起，这样就会把产品吃得更透。

三是既要会说话又要会听话。在营销过程中，有两种东西会说话，一种是产品，另一种是服务。所以，并不是要求营销人员会说话，根本点是用产品和服务说话。

要注意的是，会说话不是苦口婆心，也不是赔礼道歉。但是在现实中，很多营销工作都放在了苦口婆心和赔礼道歉上，甚至以为苦口婆心和赔礼道歉就是服务。事实上，苦口婆心和赔礼道歉都是因为产品不够好，算不上真正的服务。真正的产品能创造价值，真正的服务也能创造价值。换句话说，服务本身也必须是一种高质量的产品。所以，一个知识经营者一方面可以提供知识载体，另一方面可以进一步提供知识服务，帮助人理解、消化和吸收知识，甚至帮助人运用知识，这样的服务就会增值。这才是会说话的营销。

此外，营销要能听到外面的风吹草动，把环境的变化和顾客的声音放在心里，然后再拿出更好的产品和服务来与外界对话。这个时候，营销就能经得住风吹雨打，就可以扛得起引领变化和冲锋陷阵的大旗。

四是要永保初心。这对于初入职场的人和初创组织来说，问题不大，因为初创者本身就拥有初心。怕的是人和组织成功之后，人和组织变得更复杂，甚至膨胀，这个时候，我们还能保持那份初心吗？

例如，当学校排名在不断提升的时候，是否可以依然像从前那样，让学生拥有最大的收获？当医院拥有越来越高的等级评价的时候，患者是否真的可以感受到高等级评价带来的更多实惠和便利？当企业和公共事业部门发展成一个大型机构的时候，是否可以确保这个大型机构依然灵活地与服务对象在一起？只有真正在意顾客价值，且不论何时都不迷失，才是社会营销的初心。

在问责上，这不是外部的问题，而是我们自己的问题，取决于我们自己的内心。如果一个大企业愿意这样去反思，就一定会找到答案，找回初心。不论是功成名就者还是新进入者，谁捡起这份初心，谁就会赢得顾客的心，与顾客在一起；谁丢掉这份初心，顾客就会把谁丢掉。企业的初心就是消费者，学校的初心就是学生，医院的初心就是患者，只有始终把这些人装在心里，才能走得更远。

高阶理论：高阶人员任重道远

高阶理论认为，一个企业的发展是由最高领导者决定的。其核心逻辑在于，一个领导者自身的水平、价值观、经验、人格特征等将影响身边的人，进而影响企业的成败。

这个理论暗含着一个特别重要的常识，即一个企业要想成为优秀企业，领导者首先得优秀，如果一个领导者自己都不像样，那企业肯定也不像样。所以，领导者很重要，要想把企业经营成自己期望的样子，就必须有所作为。对于人员晋升、经理人的选择以及继承人的甄选，企业领导者一定要非常严谨、慎重，因为这些高阶人员将决定自己的团队甚至组织的命运。

企业能否从高阶人员开始逐渐生长壮大，关键看高阶人员是否做了该做的事情。定战略、做分权、促融合、创业绩、拓格局，这五件事情不可或缺。

一是定战略。战略是企业成长的导向。领导者一定要非常笃定地把自己要做的事情确定下来，并且要明确地让身边的人知道要把这个事情做到什么程度。在这方面，领导者不能总是摇摆不定，因为这代表着根基稳不稳，代表着一幢大楼是不是会晃动。要特别注意，领导者在战略上一定要保证经营选择的合法性，如果是做非法生意，或者说一个领导者心术不正，那么所有的跟随者等于上了贼船，注定会翻船、栽跟头。因此，领导者要正，企业的经营战略选择要正，这一点再怎么强调都不为过。

二是做分权。不要让身边真正想做事的人力不从心，尤其是对于高阶管理团队，因为这是创始人直接接触最多的人群。创始人对身边高阶人员的做法也会直接影响到高阶人员对身边人的做法，并一环一环地影响和渗透下去。对于身边的精兵强将，要给他们配上弹药冲锋陷阵，别让他们因为装备不足而牺牲在战场上。由此来看，员工临阵退缩的原因或许正是力不从心。

三是促融合。对于高阶团队，最怕两件事情：一是力不从心，二是不齐心协力。若团队成员之间你争我斗，彼此不和，则还没对外开战，内部已经乌烟瘴气。

解决方案也有两个：一是别让团队太大。若团队太大了，个人责任就容易不明确，同时人一多就有对比，容易形成争风吃醋的氛围。如果领导者身边的团队太大，则意味着领导者有可能越级了，有些人员可能不应该在核心团队里面。有时候，恰恰是这种原因带来了一些不必要的分歧。因此，如果团队太大，就应该做化小单元处理。二是找有共同背景的人，这是促进团队达成共识的良好基础，也是合伙人常常是同学、同乡等的原因。

四是创业绩。创业绩的真正好处其实是确认成长。一个负责销售的高级经理人如果得不到业绩上的肯定，就不会知道自己是否真正得到了成长。一个负责重量级产品研发的高级经理人如果看不到产品在市场上的成就，就无法确认自己的价值，也不会知道下一步路在何方。

因此，不要用咄咄逼人的方式逼人创业绩，而要从自我成长的内驱力上看待业绩的意义，这样可以消除很多抵触情绪，并且增加许多创新欲望。这时候，反而容易取得业绩。

五是拓格局。高阶理论实际上是在说，领导者的眼界决定了企业可以走多远。一个目光短浅的人很难成就大业。不过，格局很可能是一点一点形成的，是逐步开拓出来的。领导者应具有这种意识，若故步自封，就会停滞不前，坐井观天，最后事业就很难做大。

经理人职责理论：用共同语言统率千军万马

经理人职责理论把经理人定位为组织管理者，而组织管理的核心在于建立一个共同的话语体系。就像我们要建造一座大楼，如果大家的语言都不一样，说的话彼此都听不懂，大楼就建造不起来。因此，大楼框架生成的背后实际上是一个共同的话语体系。为了搭建起这样的体系，经理人可以采用以下三个工具：

一是目标。核心点在于让组织目标和个人目标合二为一。一定不是组织谈组织的目标，个人谈个人的目标，两个目标谈的都不是一回事。

很多人都知道做目标分解，但目标分解的结果其实只是让个人知道了自己应该承担的组织目标，还没有和个人目标相结合，而实现二者结合的关键是让个人目标在完成组织目标的过程中得到实现。因此，经理人要了解个人的需要，并且建立起个人需要与组织目标实现的链接，这才是组织与个人的沟通。

二是结构。要把结构当成语言传递的渠道，不要浪费结构，不要让结构虚设，更不要让结构成为语言传递的阻隔。组织结构的上下左右必须打通，要四通八达，这样公司的愿景、定位、目标等才能有通道触及组织大厦的建设者。

其中必须要有两条高速公路：一条是通向一线建设者，这个部分如果传递不到位或者传递缓慢，就会造成施工误差或延迟。事实上，建造大楼是容不得半点闪失的，所以要保证语言可以准确无误地及时送达和反馈。另一条是连接左邻右舍，这个部分如果是矛盾重重而不是友好协作，那么建设者之间就会乱成一团，盖楼的说图纸不行，画图的嫌盖楼的笨，这样一来，楼就没法盖了。因此，在搭建话语体系方面，结构实际上是纵贯线和横贯线的组合。

三是职责。要让职责变成清晰的语言和人对话，换句话说，如果连职责都没有理清，还谈何履行职责。虽然职责这个词我们并不陌生，但是很多时候未必真正思考清楚履行职责的根本在哪里。其实，这个根本点就在于职责对人的吸引。

因此，职责不是压下去的，而是人主动来承担的，这样的职责才能得到更好的履行。要顺着这个角度去设计语言，不论是在招聘、轮岗还是晋升等场景，哪怕是发布一条看似普通的招聘信息，都要让职责变成大家能够听懂并且愿意去接受或选择的语言，因为我们在找人的时候，人也在找职责。只有这样，才能让合适的人找到自己倾心的工作职责。

对于一个经理人来说，命令、指令这些词或许要落伍了，语境将更合时宜。经理人要统率千军万马，必须成为共同语境的建设者。

领导者的权力理论：领导者必须接地气

领导者的权力理论证明，一个领导者要做成事，得有权力才行。当然，领导者可以有各种各样的权力，从根本属性上来看，可以归结为两个，一个是法力，另一个是魅力。法力是组织给的，魅力是自己修炼的。但凡能成事的领导者，法力和魅力缺一不可。

如果是老板，法力就是老板这个位置本身应该有的权力；如果是主管，法力就是主管这个位置本身应该有的权力，不过，得看老板是否给这个位置真正的权力，如果不给，就是有名无实，就没有法力施法。同样，如果老板和主管没有魅力，也会影响自己施法。

组织当中有很多职位，对于任何一个职位来说，真正的法力只有两个，一个是决策权，另一个是定价权。决策权的法力用在事上，决定事该怎么做；定价权的法力用在人上，评定人该有什么待遇。如果一个位置空有职责，而少了两个法力，那么职责最后就会落空。

因此，在职责明确的前提下，一个成熟的主管应该享有对事情的自主权，同时也应该享有评价成员绩效以及论功行赏的权力。如果没有，主管对自己的工作就会失去兴趣，同时，在带领团队成员的工作上也会力不从心。谁靠近一线事务，谁靠近一线人员，这两项法力就该给谁。否则，老板把这两项法力攥在自己手里，看似手握着每件事和每个人的“生杀大权”，但实际结果会是“民不聊生”，因为大家没有赖以生存的法器。

法力更多是组织给予的，而魅力则更多来源于自己，对于一个刚开始并无太多法力的人来说，更需要魅力增加力量。当然，不同的人可能有自己不同的魅力，不过我们需要知道魅力的前因后果，这样我们就能确认自己的魅力放在组织当中到底是不是魅力，以及怎样生成魅力。

魅力的结果反映在人与周围的关系上，放在组织当中，就是上下级之间的关系、同级之间的关系。作为一名领导者，检验魅力的核心标准就是看领导者与成员的关系如何。如果大家愿意追随一个领导者，这个领导者就有魅力；如果达不到这种效果，领导者就没有魅力。

要获得魅力，必须把握好两点：一是要以身作则，二是要利人利己。领导者不能只让别人做事情，而要自己先行动起来，做好榜样，这样人们才愿意追随。领导者要给身边的人分利，要让身边的人跟着自己有好日子过。所以，新官上任不要先烧火，而要先体认民情，看看大家的状态，了解大家的需要，这是赢得信任的基础。

这意味着经理人一定不能自以为大权在握就万事大吉了，否则，就可能因为不善解人意而让自己的法力毁于一旦。经理人的职业价值离不开同伴的支持，要拥有魅力必须接地气。

领导者的风格理论：从商人到校长无所不能

领导者的风格理论认为，领导者的风格要旗帜鲜明，但不必特立独行，而是要让自己融会贯通，吸收各家之长，让自己的领导力更加全面扎实，这样才能展现出大家风采。因此，领导者必须是一个多面手。

首先，领导者是一个商人。领导者必须是一个任务交易者。领导者关注任务的实现，谁能够完成任务，谁就获得回报，这是领导者和成员的基本关系。这个关系本质上就是交易关系。如果一个领导者不关注任务，不肯做一个交易者，那么就不适合从商。

其次，领导者是一个家长。领导者除了关心任务，与人进行物质交易外，还有更多的责任。企业确实不是家，所以领导者要先按照商业逻辑做事情。但是，企业已经成为人存在的一部分载体，占有着人的一部分付出，所以领导者有责任关心人。关心的内容有两个，一是身心健康，二是职业成长，有了这两部分，人就有了工作幸福感。

再次，领导者是一个改革家。领导者做商人、做家长，这些更多是一种小范围的做事格局。往大范围讲，领导者代表着一个门派，面临着一个门派兴衰的挑战，肩负着一个门派的生命责任。掌门人要让门派源远流长，必须成为一个改革家，带领门派众生一起做适应环境的改变。但凡那些失传的门派，一定是被环境淘汰了。

最后，领导者还是一个校长。领导者要善于学习和捕捉环境的需要，并且要带领大家一起学习，在组织中形成浓厚的学习氛围。从最高领导者到基层员工，每一个人的工作中都有需要学习的新本领，也都有需要果断放弃的旧做法。因此，一个好的领导者要非常乐于学习，为组织营造起积极的学习氛围，并且以此来改造和影响身边的人。这样，组织作为一个整体就会成为大环境中的学霸，就会真正习得自上而下的系统生存技能。如果领导者可以把组织缔造为这样的学校，那么组织的寿命一定会很长。

有的组织很想把自己打造成一个教派，但相比之下，学派更有力量，因为懂得学习比获得传授更益于生存，所以领导者要树立学风。那些风云人物的风格往往是变幻莫测的，有时像个商人，有时又像个学者，引领着大家的学习风尚。

总之，领导者要学会做交易、当家长、做转型、当校长，这样才能让门派发扬光大，威震四方。

领导者的情商理论：人人都可以成为领导者

领导者的情商理论探讨了领导者的生成机制。在领导者的打造上，不论有多少外部培养，都离不开自身的修炼，这种自身修炼的根本内容就是情商。因此，从这个角度可以说，领导者是一个人自我修炼情商的结果。

情商这个概念始于领导理论，现在已经走入了大众的视野。只要把握好情商的内容，人人都可以成为领导者。情商的本质是自我管理，具体要训练以下五个方面：

一是自知。要对自己有一个客观的认识。我们的习惯是看别人比较多，管自己比较少。要先管理好自己，第一步就是认识自己，对自己做出客观的评价。自己要打造的个人优势是什么，如何去打造，在打造之路上如何不断肯定和激励自己前进，对这些都要有清楚的认知。

只有自知，才能自制。有些人自制力差，一点样子都没有，其实是因为根本没有意识到自己的样子。要让自己成为好样的，得先看到自己的样子，并且给自己加油，鼓励自己成长。

二是改变。一个人的成长路上一定会遇到各种各样的不如意和挑战，有时候需要自己安然释怀，变不开心为开心，有时候必须迎接挑战，变不适应为适应。面对一路上的艰难险阻，要坚持下去，唯有调节自己，让自己发生改变。不是去改变别人，也不是坐等别人来改变自己，而必须是自己调节自己，自己改变自己。

三是阳光。不论面对任何困难，请让心里充满阳光和希望，积极阳光地看世界，向着充满阳光的方向做改变。在失败面前要做到绝不低头，越战越勇，永远保持追求卓越的激情。

四是贡献。不以自我为中心，学会体谅别人，能够体认外部的需要，不论是顾客、同事、工作、还是组织，并围绕这些需要做出自己的贡献。可以说，我们自己的成绩取决于我们对外部做出了多大的价值贡献。

五是融合。要能够让自己和不同的人在一起，而不是只能和自己相同的人在一起，甚至有时候要强迫自己和不喜欢的人在一起工作。剔除自己的个人情绪，单纯从合作有效性的角度去做融合，就会发现自己可以融合的力量有很多。

简单来说，就是要学会和不同的人打交道。我们打交道的标准越简单，就越容易找到合作伙伴。如果我们要找一个伙伴，要求能力够、情投意合、自己还得看着顺眼等，其实最终是束缚了自己的交往能力。标准越简单，越容易融入。当把很多个人情感色彩和杂质都去掉时，大家的共性就会浮现出来，而自己也会成为一个开源的超级融合体。

自知、改变、阳光、贡献、融合，这就是高情商的五个基本素养。只要去训练，人人都可以成为领导者。

领导者生命周期理论：组织如何持续拥有领导者

领导者生命周期理论向我们展示了领导者的生命周期，从中可以看出领导者是怎么培育人的，也可以看出领导者是怎么被培育出来的。这是一枚硬币的两面。

领导者到底是培育出来的，还是自己练就出来的，其实没有什么好争论的，因为这两个问题并不矛盾。事实上，当我们努力去训练自己的时候，不论是情商的训练还是能力的提高，就会有领导者愿意来帮助和培育我们成长；反过来，如果自己不去努力，也就得不到培育。所以，被培育离不开自身努力这一前提，这是探讨领导者生命周期的基本条件。在这个基础上，我们就可以从外部培育的角度来认识领导者的生成了。

硬币的第一面是领导者对人的培养。通常是按照人的生命周期来培育，被领导者是小孩的时候用对待小孩的方式来对待，长大成人的时候用对待大人的方式来对待。被领导者都是从不成熟走向成熟的，在这个过程中领导者可以帮他们一把，促进其成长，从而更好地完成工作。

一个人生命力量的练就方式实际上是责任的承担，领导者是这样练就出来的，也是这样来练就身边的人的。所以，新人进来，通常的对待方式是多呵护、少任务，但是这个光景不会太长，也不宜过长。随着新人的成长，渐渐地，呵护从多变少，任务从少变多。当一个新人经过这样的训练后，就长大了，否则就迟迟成长不起来。当然，这不是说要拔苗助长，而是渐渐成长。事实上，承担任务的确是检验人是否走向成熟的一个标志。

这一环节可能会出现的错误是把人抓在手里不放，总是觉得长不大，明明身边的人已经长大了，还是什么都不让他们做，也就是呵护过度。还有一种错误是一上来就撒手不管，让新人自生自灭。一直呵护，看似是对人好，其实是害了人，会让他们总是长不大；在员工还没成长起来的时候就硬压任务，看似是信任，但也有可能把柔弱的身躯压垮。

这两种情况违背了成长规律，应该是先呵护，后放手。呵护意味着陪伴和督导，放手意味着分责和分权。

我们真的做到该呵护时就呵护，该放手时就放手了吗？如果没有，新的领导者就培养不起来。而当自己作为领导者已经接近尾声时，领导者的生命周期和循环系统就会被打乱，这就是领导者断层的根源。

硬币的另一面是领导者的生成。领导者是被培养出来的，是经过磨炼和任务承担成长起来的。一个领导者之所以要按照人的生命周期来对待人，是因为这是一个领导者成长的必经之路。新的领导者成长起来之后，又继续按照成长的规律来对待身边的人，这样领导者就会生生不息，领导力的循环就会持续进行下去。

最后，对于个人来讲，如果懂得了这个道理，也就知道了要成为一个领导者必须有任务执行力，执行力是领导力之母。这不是自我安慰，而是对事实的认知和接纳。当我们承担任务时，的确是在把握成长的机会，很多逆反心理和不适都是领导力生成的阻隔，是我们还停留在幼稚状态的惯性。如果我们要成长，这些阻隔和惯性就必须除掉。

第三篇 巧用管理手段

今天的社会有两种需要：对组织而言，需要个人为其做出贡献；对个人而言，需要把组织当成实现自己人生目标的工具。只有管理的有效性，才能使这两种社会需要相辅相成。

——彼得·德鲁克

管理之所以可以创造绩效，原因在于其从格局和根基上为绩效做了很多重要的铺垫。另外，管理的绩效还来源于我们对一些细节的把握以及我们在处理问题上的一些新思路。例如，聪明的公司会在组织中悄悄地埋下一些“种子”，待到关键时刻派上用场，这些公司也不会用组织边界来定义自己人力资源的边界，这些超乎寻常的做法和思路可以让组织在绩效上与众不同。事实上，对于很多细小概念的认知，我们要抛开形式，切中本质，巧用其发挥功效的关键点，这样组织才能变得更加灵活、高效。

介入理论：寻找“关键先生”

介入理论呈现了一种推动企业变革和成长的方法，即当企业遇到变革或成长的烦恼时，如果自己实在解决不了，那就请别人介入帮忙，推动自己成长。这在现实当中应用也很广泛，如聘请顾问或高级职业经理人。但是能否真正推动成长，或者说是不是一种有效的介入，要看是否选对了介入者。如果选错了人，反而会造成负面的干预。这其中的选人艺术有以下三点：

一是介入者要对企业有充分认知。企业要在今天的动态环境下成长，就不得不做变革，而变革的本质就是给企业“动手术”。所以，介入者应对企业了如指掌，对企业和成员的成长心理以及企业每个职能“器官”的状况都非常清楚。介入者进来做“手术”之后要保证企业的“身心”能继续运行，甚至还要表现得更具活力。这一切都要求介入者和企业必须信息对称。介入者需要深入了解企业，企业也应该如实交代“病情”。

在这一点上，我们不是怀疑介入者的水平，而是担心介入者能否掌握实情，担心企业能否敞开心扉，确保介入者真正知情。

二是要让人卸下防备。介入者不是入侵者，如果企业请来一个介入者后让大家感到很有危机感，甚至以为这个人来会动自己的奶酪，那么介入者就会遇到层层障碍，反而增加了变革的阻力。

当然，最理想的状态就是病人自找医生，也就是说，介入者是大家呼声最高的那个人，大家都想到一块儿去了，甚至盼望已久了。很多人以为这样的人可遇而不可求，但事实上，如果一时遇不到这样的人，一定是因为企业事先没有做好准备。企业作为一个开放体，应该培育起与企业既相互独立又有一定黏合性的特别人员，这些人员可进可退，时内时外，进时帮助企业进步，退时留给伙伴机会。如果懂得这一点，所谓的“可遇而不可求”也一定会被设计出来。当然，如果是给大家找了一个入侵者，违背了大家的选择意愿，那就等于是雪上加霜，不如不请。

三是介入者要有责任感。人们对于介入者的第一个想法是别动自己的奶酪，除此之外，一定会渴求给自己增加点奶酪。介入者如果没有这样的担当，恐怕将很难赢得大家的心。所以，介入者往往责任重大，如履薄冰。介入者和旁观者最大的区别就在于，介入者要承担责任，肩负着很多人的福祉。

事实上，一个领导者如果不能服众，就不是真正的领导者，尤其是对于今天很多年轻领导者来讲，需要用承担责任的方式来赢得大家的信任。如果自己的力量不够，就去请可以胜任或者德高望重的介入者来帮助自己服众，最终目的还是为了让企业有更好的成长，给大家更好的生活。

把这些要素综合起来，其实是在说一个人的组织代表性如何。不论是介入者还是原有的领导者，其领导力的关键在于是否能够真正代表组织，是否能够真正代表大家的心声。很多企业家或经理人做变革以失败告终，很可能是因为对组织的代表性不够，不能了解组织的真实情况，同时也不能代表组织成员的意愿。因此，寻找介入者时，一定要找到可以代表组织的那个人。如果企业拥有这种意识，这样的介入者就一定能培育起来，而到了关键时刻，作用就一定能显现出来。

因此，别忘了给自己培育一位“关键先生”，如果我们仔细留意，会发现很多企业的成长都有“关键先生”陪伴，他们在关键时刻大显身手，成为“救火英雄”。很多企业在燃眉之急找不到“关键先生”，其实不是找不到，而是没有事先培育。因此，聪明的企业会有意识地培育“关键先生”，以备不时之需。当然，培育是要花时间和成本的，但这样成长起来的“关键先生”才真正奏效。

前景理论：画饼充饥

前景理论提醒我们，做事情别只看现在，还要看前景。做决策更要立足于当下，着眼于未来。如果总是“走一步，看一步”，按照自己的舒适状态任性而为，就可能没前途；相反，要想前途无量，得看到未来，做有前景的事情。所以，做企业和工作不是在散步，不能由着个人的小性子来。

在对前景的把握和应用上，我们要对待好两件事情：一件是“迎风”，也就是如何面对风险；另一件是“画饼”，也就是如何让前景生效。

在对待风险上，有两个要求：第一，要承认风险，接受不确定性的存在。因为在面向未来的时候，谁都不能确定未来会发生什么，唯独可以确定的就是一定会发生不确定的事情。对于这种不确定性，我们是接纳还是抗拒，对是否可以拥有前景非常重要。

提这一点是因为，我们常常习惯根据现状来做决策和判断。如果按照这种思维方式，就会得出这样的结论，即前景虽好，但实现不了，进而开始抵触前景，出现恐慌。公司在做变革的时候以及新目标定下来的时候，很多人都有这样的反应。可是如果有这种反应的话，在心态上就已经先输了。这个时候看似是在面对现实，其实只是在安于自己的现状，回避了正在发生的真正现实。

第二，要提升能力来抵抗风险。既然风险一定存在，就去接受风险，并且要迎风而战。当然不是毫无准备，否则等于去送命。尽管我们可以给风险做出高、中、低的评价，但这些其实都是主观的，并且是相对的。同样的风险对这个人和企业来说是高风险，但是对另一个人和企业来说可能就是低风险了，差别实际上取决于自身的能力。

同样，在能力的部分也不是谈现在，而是谈提升。如果打算去打一场硬仗，就必须提升自己的抗击打能力。所以，我们并不需要花太多精力争论变革和前景好不好，我们的精力有限，必须把宝贵的精力留给自我能力提升，以此来实现好的前景。只有这样，才能迎风破浪，到达彼岸。

回到前景本身，“画饼充饥”也是有艺术的。这是因为，“画饼充饥”不一定会见效，把握不好就会弄巧成拙，而把握好了，确实可以展现出精神食粮的魅力。

一是要注意，饼要画得栩栩如生。既然是画饼，作为一幅画，首先得画好才可以。当然，一幅画好不好，其实不能只看表象，还要看是否传神，是否可以打动人，这也是大师和一般画师的区别。很多时候，大师手笔看似简单，却能让人身临其境，回味无穷。

因此，前景的表述很重要，未必要用多么华丽的词汇，也未必要表述得多么复杂，但是必须要让人对前景有感觉。关键在于，一个公司在描绘前景的时候要把员工的成长和利益放进去。事实上，很多公司在描绘前景的时候讲的都是公司的利益。想想看，我们有多少公司的愿景是成为世界五百强和中国五百强？又有多少公司的愿景提到过人均效率和个人收入增长的问题？饼应该怎么画，现在应该已经有了答案，那就是忌华而不实。

二是要注意，别空腹画饼。毕竟饼只是一幅画，再打动人，本质上还是精神食粮。画饼可以充饥，但前提是不要空腹，别让人饿肚子。所谓“饱汉不知饿汉饥”，作为老板或者管理者，要为全体员工负责，不能“一个人吃饱了全家不饿”，别忘了身边的人也要吃饭。可以提倡画饼，但不能让人饿着肚子，否则，面对那幅栩栩如生的饼，人会越看越饿。当然，也别让人吃撑了，这样就不方便赶路了。太过满足，前进的脚步就可能会停下来。

总之，做人做事不要安于现状，而要迎风破浪，一路上备好粮草，才能迎来柳暗花明。

痛觉理论：运用痛觉进行管理

痛觉理论告诉我们，疼痛是有原因的，并且是可以恢复的。痛觉是一个再简单不过的日常现象，几乎和所有人都有关系，但我们很多时候都忘记或者根本没有意识到从痛觉的角度去思考有效管理。事实上，运用痛觉进行管理也能出奇效。

一是痛觉如何产生。痛觉是一种反应，通常来源于外部刺激，并且这种刺激必须要达到一定的程度。这意味着，如果外部刺激是不疼不痒的，就不会带来痛觉。这说明我们要让对方有感觉，必须要有足够的力道。不论是企业对顾客还是对员工的刺激，都是如此。当然，企业对待顾客和员工并不是要给对方痛苦，而是去给人疗伤，是去解除人的痛苦，但实际上逻辑是一样的，如果我们做得不够好，顾客和员工的痛觉就无法消除。懂得了这个前提，就可以引出下一点，也是真正运用痛觉进行管理的关键。

二是痛觉如何康复。让痛觉康复有两种方式：一种是外部疗法，另一种是自我康复。当提到外部疗法时，企业就可以登场了，企业可以想方设法帮助顾客和员工找回好的感受。企业在外部疗法上需要有力道，这种力道需要借助两个关键点。

第一个是痛点，也是我们常常听说的要找到顾客和员工真正痛苦的地方。但事实上，仅有痛点还不够。我们都有一个生活常识，当我们用手去触碰高温时，短暂的瞬间是感受不到痛苦的。作为痛点，高温这个点肯定是对的，但是瞬间是不起作用的。同样，痛点的消除也需要时间。

所以还得依靠第二点，即持续。我们在带给顾客和员工感受的时候，不仅要找到关键的痛点，更要对痛点进行持续的疗伤，直到真正让顾客和员工找回好的感受。

当提到内部疗法的时候，自我管理就开始登场了。我们在做自我康复的时候也有两种办法，这两种办法分别对应着不同的情形。

第一种办法是长痛不如短痛。对于一件不对的事情，既然这是不该做的或者必须要放弃的事情，就要果断放弃，免得继续带来更大的伤害。还有一种情况是，对于迟早要做的对的事情，不要拖沓，一定要抓紧完成。

对于对的事情，别因为解决问题很难或者要占用比较多的时间而总是往后拖，拖到最后，真到了迫在眉睫的时候，很可能已经没有充分的时间来做了。事情做不成，就会给自己造成伤痛，甚至是遗憾。所以，如果心里有块大石头，要先放下，不要让自己总是想着还有一件非常重要的事情没有做，要在来得及做的时候赶快去做。如果这块大石头放不下，就可能给自己增加很多心理压力或负担，最后什么都做不好。此外，对于更多杂事要高效处理，不要占用自己过多的时间，要快刀斩乱麻，及时清理不该做的事情，不能让这些事在自己做正事的时候总是出来扰乱自己。

第二种办法是痛并快乐着。对于应该做的事情，哪怕再难，哪怕自己承受了再多痛苦甚至委屈，也要去完成，但同时，要激励自己快乐地去面对。也就是说，要学会吃苦，甚至要学会吃亏，理解吃亏是福的道理。因为承受得了这样的痛觉会让人成长，当然是福。

此外，我们常常发现，当一个人学会自我疗伤的时候，学会吃苦的时候，就会变得很刚强，甚至麻木，不会有太多的痛觉。这就给管理带来了新的挑战，因为对于企业给顾客和员工的激励来说，这意味着顾客和员工对企业的现有刺激已经失去了感觉，而这正是针对顾客和员工的激励越来越难的原因。因此，企业要不断钻研，要跟着顾客和员工的痛点变化不断升级，否则，顾客和员工就会对企业麻木。

如果企业忽略了这一点，就会发现，自家的产品原来对顾客的痛点挺管用的，但现在不行了，因为顾客已经产生了抗体，换言之，这个痛点已经消除了。在此情况下，企业就不要在这里浪费太多精力了，还有很多有价值的顾客问题值得去探索。

最后要明确，做自我管理也要让自己始终保持灵活，让自己持续升级，与时俱进。一方面，对于不好的事情要做到“百毒不侵”，同时对于好的事情要做到“吃得苦中苦”；另一方面，不要让自己变得麻木，更不要让自己对挑战和新鲜事物失去感觉，要时刻给自己一些正向的刺激，向自己持续发出挑战，保持追求卓越的激情，这才是一个真正的强者的表现。

场域理论：营造正能量的场域

场域理论告诉我们，场域会给人力量，一个人有多大的力量，一方面取决于自己有多大的力量，另一方面要看自己在与场域的互动中可以吸取多少能量。在组织管理中提场域理论，目的是让人拥有更为正向的力量，从而把事情做得更好。为此，人和组织必须共同营造充满正能量的场域，并相互给予成长的力量。这就需要把握好发挥场域效能的四个关键条件。

一是自知之明。拥有自知之明是让自己可以从场域中借力的先决条件。一个人进入一家公司后，首先要看清楚自己的位置，以及需要与谁打交道，这就是场域理论发挥作用的前提。

找准自己位置的方法是掌握三个关键词，即责任、目标以及结构。当明确了自己的职责、工作目标以及由此而确认的组织结构的位置后，自己的位置就定好了，这样与周围的关系会随之而来。应该通过自己的位置和组织结构看到，要完成自己的职责和工作目标需要与谁进行有效的合作，包括同级以及上下级。如果我们有意识地根据自己的位置把这个脉络梳理清楚，就会感受到整个场域赋予自己的力量。

相反，如果没有这样的自知之明，恐怕就难以找到力量，甚至会觉得力不从心。我们常常说赋能这个词，其实赋能需要有一个先决条件，就是清晰地认识自己以及自己与周围的关系，知道自己的责任并善于合作。否则，身边的人不会平白无故地给自己赋能。

二是心怀正念。对于个人来说，一定要抵御负能量的入侵。不要主观上给自己设定负向的作用力，如贪念、懒惰，这些负向的牵引力一旦被激活，就有可能把自己拉向一个负向的场域，自己会从当中感受到更多负向的东西，进而产生恶性循环。所以，我们一般不是先去责备环境中的负能量，而是先管理自己，因为相比管理外在环境，管理自己要容易得多。

别人不见得听我们的，但是我们自己得听自己的，换句话说，我们可能支配不了别人，但要支配得了自己。事实上，只有我们自己可以控制自己，毕竟自己是自己的第一责任人和主人，这一点谁也取代不了。如果每个人都控制好自己，心怀正念，整个场域就会产生正能量，就会形成正向循环。

有时候我们走进一家很好的企业时，会觉得气场很足，每一个人都充满活力，原因就是企业保持了很好的组织氛围。相反，有些不太好的企业甚至会弥漫着懒散的气氛，实质上这种气氛发自每个个体的内在气场。

因此，人和组织一定是有气场的，这种气场来自实实在在的自我训练。有的领导者在企业未必要讲很多话，但却能控得住整个场域，并且能够带来正气，增强整个组织的气场，原因在于领导者自身修养很高。组织中的每一位成员也是如此，也在用正气彼此滋养和影响。正气并不虚无缥缈，只要正气够足，我们一定可以感受得到；相反，如果我们身在其中依然感受不到这种气场，就说明人或组织的气场有待加强。弘扬正气，搭建有正能量的场域，是人和组织的共同责任，也是驱动人和组织共同成长的强大动力。

三是拥抱变化。借助场域理论我们知道，要改变自己的力量，通常需要改变自己的位置。换言之，如果这一切都不改变，我们的力量可能就不会改变。

有时候我们会觉得变革很痛苦，可那是在“不明事理”的时候。变革通常会改变组织的业务结构和人员结构，这意味着组织和个人的生存力量都会发生新的变化。如果明白了这个事理，就会知道，不论是对于组织还是个人，死气沉沉时一定要变革，因为生存的能量已经到达了底线，再不改变，就会死掉。今天很多传统企业和互联网公司常讲的“不变只能等死”就是这个道理。只有拥抱变化，才会获得新的生存力量，才有希望绝处逢生。

四是敬重场合。我们常常说一个人要学会看场合做事情，这的确是有道理的。如果我们不看场合，完全任由自己发挥，让自己在任何场合中都放飞自我，就会发现自己没有办法融合场域的力量，结果实际上是游离在场合之外。只有自己所在的点和场合相匹配的时候，才会感受到场合的魅力。

如果一位大领导回到家里可以给家人做一顿饭，就会感受到家庭的温暖，因为找准了自己在家庭这个场合中的位置。如果一回到家就摆出一副领导的架子，整个家庭就会失去温情。所以，哪怕是扫地之类的举手之劳，都在彰显对家庭的敬重，而这种敬重并不取决于一个人在外面拥有多大的权力。我们应该细心去体会，家庭是一个温馨的场所，别让权力进来“砸场子”。同样，一个人在家里耀武扬威，到公司里却不敢承担责任，一定是给两个场域都增加了负向的能量，需要重拾正念，敬重场合。

制度理论：学会在约束中穿行

制度理论认为，自由是在一定约束下获得的。自由是有限度的自由，不论是企业还是个人都是如此。有的人和企业会觉得这种约束很不舒服，可是有的人和企业在约束中游刃有余，他们到底是如何做到的呢？

首先，做合法公民。这一点恐怕没有人会反对，不过从广义制度的角度来看，未必容易做到。制度是一种环境约束，对于企业来说，这种环境包括宏观的政策法规和社会文化、中观的行业惯例和联盟约定以及微观的组织制度和文化氛围等，但凡企业、团队、个人行为触及的地方，制度都无所不在。

如果看不到这些制度，就会处处碰壁。制度是客观存在的，当你不符合制度要求的时候，就会觉得制度在为你重重设障；相反，当符合制度要求的时候，就会感受到制度带来的便利和对你的保护。

其次，跟风壮胆。很多时候，有些事不确定该不该做和怎么去做，其实这种不确定的背后是胆子小，自信心不够，或者说还比较稚嫩。解决之道就是找到一些已经验证过的事例或方法，积极看看“老油条”或“行业大佬”的做法是什么，这个时候或许自己仅仅是一个“跟屁虫”或者“小弟”的角色，但是这个过程会让自己学到不少经验，而随着经验的积累，自己会不断走向成熟，底气也会变得更足。

再次，大胆创新。事实上，跟风并不应该大力提倡，只是一种特定情形下的无奈选择。如果所有人都只会跟风，大家就会变得像一个模子出来的一样，社会整体就会停滞不前。

因此，模仿别人并不是目的，学习和创新才是根本。但不要盲目创新，创新靠的是胆识，一方面是胆子，另一方面是知识，这两部分要综合具备是需要一定积累的。一些优秀的企业家往往是经过长期工作和多次创业才成功的。当你对学习和创新的积累到一定程度后就不再是跟风者而是创新者了，而经你验证过的知识别人也可能拿出来学习，这又激励你不断创新前行。

最后，游刃有余。当了解清楚制度，同时又胆识过人，敢于创新时，就会在制度的世界里游刃有余。这时制度已经内化为习惯，甚至忘记制度也不会破坏制度，制度要求就真正变成了自己的最低要求。

这种状态与其说是一种境界，不如说是长期积极训练的结果。很多人觉得一个血气方刚的年轻人步入社会后时间长了会被磨平棱角，这个观点或许没错，但是只表达了一半，其实社会在磨炼他的同时也会让他积累更多胆识。

因此，制度刚的时候我们要柔，我们自己变柔的时候，又要提醒自己保持坚韧，敢于创新，敢于创造人和企业生命的新价值。只有刚柔并济，才有可能在制度约束下游刃有余。

心理契约理论：成就彼此的心愿

心理契约理论告诉我们，人和组织除了纸面上的合同关系之外，还有一份心理上的契约，双方对彼此拥有期待，这份期待让彼此可以更好地融合在一起。事实上，心理契约是一个比较难定义的概念，因为它不像合同那样彰显，好像看不见、摸不到，可是如果真的少了这层契约，组织和成员之间的关系可能就会不知不觉地疏远，最终影响组织的绩效和人的成长。要明白这个看似捉摸不定的概念，必须清楚地认识到心理契约的五个操作要领。

一是把组织当作一个心愿的集合。我们对组织可以有很多定位，最简单的是，组织是由人构成的，几乎所有人都默认这样的认知。不过，这种人尽皆知的定位只是初阶理解，“人群集合体”只是 1.0 版本的组织认知。再进一步，人实际上是来完成任务的，加上这一层认知，组织就成了“目标集合体”，这是 2.0 版本的组织认知。

有了心理契约的概念就会知道，组织所有要完成的目标和任务，实际上都是为了达成组织和成员的心愿，组织就像是一辆满载心愿的列车，这时组织就成了一个“心愿集合体”，这是3.0版本的组织认知，也是对于组织应该持有的终极认知。

这样的认知告诉我们，组织和成员在一起是为了帮助对方实现心愿，所以双方要相互了解对方的心愿，并且努力去成就对方的心愿，而不是去漠视甚至牺牲对方的心愿。当出现漠视、牺牲时，心理契约就会被破坏，个人和组织就失去了连接的纽带。事实上，几乎所有的离职问题、消极工作问题都可以追溯到这里。最根本的原因其实是没有从意识层面去感知对方，去触碰对方的内心世界。

二是把期望降至合理区间。组织和成员要真正持续组合在一起，彼此都要轻装上阵，不要有太多负担。组织是一辆满载心愿的列车，但是不要让组织的心愿超载，否则，就有可能满意而来，失意而归。这种情况通常出现在两种真实的情形中：一是组织和员工之间，二是组织和顾客之间。

如果组织把自己说得无所不能、无限美好，虽然可以吸引员工和顾客，但是如果不能兑现，结果就会让员工和顾客大失所望。在这方面，组织承担的责任会更多一些，因为当组织管理无效的时候，去责备员工和顾客是一种无能和推脱责任的表现。

因此，管理过程中要控制好心理落差，实事求是地表达自己的“载重量”，别让自己超载，要让顾客和员工对自己有一个合理的认知，而不是引导顾客和员工无限放大对自己的期望。否则，一旦无法兑现，契约就会失效，组织甚至有崩塌的危险。

三是保持供给侧思维。组织要从自己的角度出发寻找原因，这就是典型的供给侧思维。企业做供给侧改革，不论是优化产能还是调整业务结构，目的都是让需求端得到更好的价值。在产业结构上，过去讲产业链的概念，今天则更多强调供应链的概念，原因在于，真正重要的不是我们自己能产出什么，而是我们能够提供什么样的价值。

要维系心理契约，一定要自问能给对方贡献什么。尤其是对于组织和成员的关系，组织要从自己身上找问题，问自己到底能给员工做出什么样的贡献；员工也是如此，同样要问自己能为组织做出贡献，而不是只讲自己可以得到什么。所谓“施比受有福”，道理就在这里。

四是彼此心照不宣。事实上，组织和成员之间的心理契约本身并不复杂，只要我们愿意去直面，就能感受到彼此的真实需要。关键在于，大家不能装迷糊，应该打开天窗说亮话，过于含蓄的文化反而会变成阻隔。

员工到企业来就想两件事：一是拿钱，因为要养家糊口；二是求助，因为有些事情自己一个人做不成，或者说，我们想要的成就仅仅依靠自己无法完成，得依靠组织来实现。所以，企业必须要给人钱和成就感，才能让人真正卖力工作。

五是换位思考。换位思考不仅是考虑对方需要那么简单，更重要的是，真正站在对方的角度去思考，否则，我们可能永远不知道对方的真实感受。有的管理者或者企业家可能觉得三块两块不是什么大钱，但是别忘了，在很多人眼里，这就是血汗钱，是好不容易才赚来的。所以，千万不要拿成员的福利当儿戏。有的管理者比较任性，对三块两块的福利一会儿说有一会儿说没有，或者自己觉得不必要就干脆取消，可是这种看似很小的举动有可能破坏彼此的心理契约，因为这是对方在意的东西。

借助这五点，相信组织和个人都能够触摸到心理契约的真实存在和意义。只有借助心理契约，双方才能真正达成默契，携手并进，共赴前程。

结构化理论：结构对人和企业的改造

结构化理论给我们提供了一种结构化的思维方式。不论是人、企业还是事物，其融合在不同的结构当中时，会表现出不一样的行为和功能。

一堆杂乱无章的信息经过清晰的结构化梳理之后，就变成更有价值的知识，而这其中的创造力正是源自对结构的想象。一个自以为是的人或者企业每天都洋洋得意，不思进取，当把这个人置身在高手如云的“凤凰山”上时，就会意识到作为“鸡头”的不足。一个人被逼上梁山，走投无路时，也会呈现出不一样的爆发力。

但是要注意，在整个结构化的过程当中，结构本身并不是万能的，其最终的有效性取决于个体与结构的互动，这是结构化思维的核心。对于企业管理来说，也就是人造结构，结构造人，人与结构相互造就。

巧妇难为无米之炊，如果世界上没有人和可以由人支配的事物，我们就无法造结构，所以，结构是人造的。如果一个人永远都有后路，那么这样的结构就不会让人成为铁打的硬汉，所以，人也是结构造就的。

这启示我们，要同时拥有心动和行动。企业有时候会把技术很强的人提拔为主管，这个时候通常会有两种结果：一种结果是技术人员成了一位很好的管理者：另一种则是技术人员做得一塌糊涂。原因就在于，我们简单地认为结构会改造人，而忽略了人的主观愿望。其实有些技术人员是不愿意做管理工作的，完全没有心动，可是被硬生生地安排在管理岗位上。强扭的瓜不甜，我们以为这种新结构对技术人员好，可是反而让其非常不开心。因此，个体和结构之间要擦出火花，一定是相互造就的。

在组织管理中，当一个优秀的技术人员对管理工作表现出兴趣的时候，组织再提供管理岗位来发挥其价值，才可能有符合岗位需求的管理行为出现，结构才能造就出一名卓有成效的管理者。当一名卓有成效的管理者表现出强大的事业心或者创业欲望时，组织就可以设置若干重要的事业部去成就人的事业欲望，或者鼓励其在集团内部创立新的公司。在这种结构下，才有可能在集团内部造就出一个非常优秀的企业家。

因此，人造结构，结构造人，人再造结构，结构再造人，这就有了人与结构的持续再造和成长。在这个过程中，人从技术人员成长为一名总裁，又从一名总裁成长为企业的掌门人，而企业也从一个小企业成长为中型企业，又进一步随着分拆和内部创业成长为一家大型集团。这就是结构化的魅力。

总之，结构化的实质是一种双向互动，组织需要善于洞察人的成长需要，在此基础上，借助结构化的方式造就出更有价值的人和事业。这也意味着，个人要成长，得先愿意去改变。

动态结构理论：结构不是一成不变的

动态结构理论认为，企业设计组织结构的时候，要与企业的战略和成长结合起来。所以，结构一定不是僵化的，不是一成不变的，也不是随随便便设计的。其设计依据蕴含了四个重要的变化逻辑，具体如下：

一是结构要跟着战略走。结构不是目的，而是工具，是为了实现企业战略而设计的。所以，不同的战略会有不同的结构。当我们看到一个企业用事业部结构的时候，我们得反过来看这个企业是否具有多元化的业务。这也意味着，如果一个企业的业务并不复杂，实际上是没必要采用事业部结构的。此时，在单一化的战略之下，把内部职能结构做好就可以了。

二是结构要跟着成长长。结构是逐渐长大的，就像是一棵树一样，有多少分支，要开出什么样的花朵和果实，是要跟着企业的成长逐步成长的。

很多人问，那些企业的事业部是怎么来的，答案就是，长出来的。先做好一家小店或者作坊，几个人简单分工，这就是简单结构。再把各个职能部门的能力锻炼好，这个时候简单结构就长成了职能结构。当成熟的职能结构遇到多元化战略时，就催生了事业部结构或矩阵结构。因为经过职能结构的锻炼，树干已经足够粗壮，可以分拆或共享了。分拆就是做事业部结构，共享就是做矩阵结构。如果想给分支更多的事业心和创业激励，就选择事业部结构；如果还想进一步提升效率，那就选择矩阵结构。总之，殊途同归，按照成长的规律来慢慢变化和生长，都会长成参天大树。

三是结构讲究实用，别盲从结构。结构要跟着自己的战略和成长来，不是跟着对手来，也不是跟着流行趋势来。简单战略和小企业就用简单一些的结构，否则就是浪费，因为结构意味着要动用人力和财力来实现目标。相反，多元战略和大企业的结构必须要支撑起企业的成长，而结构过度集权就会约束成长。当职能根基已经深厚，并且在这个基础上很多事业已经形成的时候，就要让事业部门也自然成长起来。别总想着一口吃成个胖子，如果在结构上拔苗助长，可能会使企业栽大跟头。

四是结构没有模板，要自己量身定做。无论是简单结构和职能结构，还是事业部结构和矩阵结构，有时候是不可以直接套用的。这些结构更像是款式，放在自己身上时，还得量身定制才合适。

聪明的企业甚至可以同时应用这些结构。例如，一家中型企业已经有了很多业务和成长为大企业的机会，但是目前的职能能力还不太强大，不足以拆分到各个事业部中，而每个事业部由于不大也没必要独立占用太多的职能资源，那就依然采用职能结构，让事业部来共享职能平台。而在不太大的事业部下面，结构就更简单了，这样，简单结构、职能结构、事业部结构、矩阵结构就都用上了，并且经过改良后变得更加合适。当公司整体的职能能力和事业部都发展到一定程度时，每个事业部就可以独立做系统的职能结构了，就渐渐长成了真正的大型事业部结构。这个时候根据战略，大事业部还可以继续拆分，不断循环下去，就开始形成有扎实根基的野蛮生长，距离长成参天大树也就不远了。

部门层面的权力理论：如何让部门权力价值最大化

部门层面的权力理论启发我们去思考组织各个部门的权力来源。换言之，就是研究组织该如何对部门进行权力分配。在这一点上，最怕的是组织采用简单粗暴的做法，即各部门一刀切。如果这样，结果一定是权力的浪费和部门积极性的下降。各个部门的情况不一样，所以要区别对待，否则，就没有必要划分部门了，干脆统一叫一个部门算了。这个道理其实很简单，只是我们未必留心去思考过。

部门做事情需要权力，但是从管理有效性的角度来说，这些权力不能被浪费，而是要能创造最大价值。具体来说，要确保部门层面的有效权力，让部门权力创造最大化价值，可以借助以下四个原则或方法论：

一是物以稀为贵，差异化分配。任何组织的资源都是有限的，各个部门表面上看也的确是会争抢资源，但是，如果从部门争抢的角度去看问题，麻烦就会越来越多，也会不断酿造和加深部门之间的冲突。

解决这一问题的关键是从差异的角度去看问题。事实上，各个部门想要得到的资源和权力一定是不一样的，如果组织平均对待，给每个部门同样的资源和权力，一定会出力不讨好。例如，有的公司在写字楼里给销售人员和技术人员配备了同等空间的办公区域，可事实上，相比之下，技术人员更需要安下心来，在一个属于自己的比较安静的办公区域做技术开发，而销售人员未必特别需要这样的资源。如果平均对待，反而会让技术人员觉得销售人员动了自己的奶酪，制造出不必要的矛盾。销售人员更多需要的是销售现场的权力和资源支持，如果不常在写字楼办公，提供给销售人员一个舒适的临时共享办公区域就好。

因此，如果从争抢的角度去看，为了平息纷争，结果很可能是吃大锅饭。但是，如果从差异的角度去看，不仅可以让大家各取所需，还会使权力在分配的时候实现整合。

从本质上讲，部门之间是争斗还是协作取决于背后的资源分配设计。如果各个部门获得的资源是差异化的可整合资源，各个部门就容易合作；如果各个部门获得的资源是相同的冲突性资源，因为彼此抢占了对方稀罕的东西，就一定会造成冲突。

二是找准命门，有序生长。尽管各个部门都非常重要，不可或缺，但是组织中一定会有更核心的部门。这个核心的部门不是为了反衬其余部门不重要，而是说这个部门是组织的生命所在，犹如心脏一样，这就是组织的经营重心，也就是我们要找的“命门”。“道生一,一生二,二生三,三生万物”，万物生长总有其逻辑，总是从一点开始生长，这是不能违背的生命规律。

销售公司的命脉核心是销售部门，高科技公司的命脉核心是研发部门，生产公司的命脉核心是生产部门。这意味着，在差异化资源一定要分配到各个部门的前提下，进行资源分配时要遵循先后逻辑顺序，谁处在核心，资源就先到谁那里，后面再分配资源的时候要与核心部门的资源形成有效配合。这样的资源安排实际上已经布局好了人员的行动轨迹，大家会各自满足，同时，又会相互合作，并最终达成核心目标。这才是真正让彼此合作共赢的理性安排。

三是不看过去看现在，不论资排辈。一个组织在实际分配资源和权力的时候一定要注意，别只看各个部门过去的贡献，还要看现在的贡献。如果不是看现在而是论资排辈，那么等于把资源给了过去，这是非常不现实和不理性的做法。资源如果不能转化为价值，就是浪费。投放和分配资源时，必须关注资源接受者现在和未来可以创造的真实价值。

当下的大学给了管理学科极为高度的重视，管理学院和社会学院都是平行的学院，但如果看历史的话，管理学科算是社会学科的晚辈，因为其脱胎于社会学科。可是这丝毫没有影响管理学科今天的权力，原因就在于，今天这门学科可以挑大梁了。如果是论资排辈，不给一门年轻的学科应有的权力和尊重，那么其价值释放就会受到阻碍。

企业的部门也是这个道理，分配时不是看过去，而是判断真实的价值。这样我们就会知道，或许有些部门的权力的确给多了，虽然这些部门曾经有过丰功伟绩，但是现有的权力必须是面向现实创造价值。否则，这些权力就要适当收缩，以免造成权力的浪费。或许对于一些有潜力的年轻部门，我们给予的关照反而少了，所以，要把收回的权力给这些应该得到权力的部门。总之，企业的权力分配思路一定不能是过去式，必须要把自己拉回到现实中。

四是特权。这是非常有意思的一个设计，当想要一个部门发挥出独特的价值时，就要给予特权。尤其是我们非常在意创新的时候，一些新的部门就要享有不一样的特权。如果给的都是常规的权力，就很难出现突破常规的业绩，也难以有创新。所以，要激发创新，就要准许一些部门不按套路出牌。

就像国家设计深圳特区一样，企业也可以设计“特区”。只有享有特权，才有可能出现有特别意义的部门。当这个特别部门成长起来成为常态的时候，特权就变成了常规性权力或制度。这个时候还可以继续新一轮的设计，这样就会不断有新的特别部门出来，会不断出现新的形态，新的形态又会慢慢成长为常规形态，接下来再进行不断的循环，而这一切的驱动力就是特权。因为权力的这种特别设计，使其发挥出了创新的功能，并且可以持续发挥。新区、新部门、新事业、新公司等新物种都会在有创新基因的权力之下生长出来。因此，权力是可以有创新基因的，这个基因，就是特权。

总之，从部门权力的有效性角度看，部门之间不应该有权力纷争，应该得到和展现出的是恰当的权力以及基于权力设计的合作与创新。

群体间冲突理论：从争霸到共生

群体间冲突理论告诉我们，可以通过整合的方式化解群体间的冲突。当然，不是所有的冲突都是有害的，如果彼此之间形成一种良性的竞争，或者通过彼此的不同声音获得一些创新的发现，那么这种冲突就是有价值的。不过，有些冲突也可能是一种内耗，群体之间你争我夺，把好不容易聚合起来的群体力量都浪费在相互厮杀上，这样的做法就是群体动能的损耗。不论是企业内部的群体之间，还是企业与企业之间，最重要的是把群体的力量发挥到对的地方，而不是浪费在无意义的地方。

群体之间的争斗，主要是在争两样东西，一是争对错，二是争粮草，现实中这样的纷争无所不在。不同的部门都想证明自己是对的，都在争抢组织的资源；不同的企业也想争夺自己在产业或价值链中的王者地位。但是，这种纷争的结果一定是双方都元气大伤，即便是胜出的一方，真正得到的也微不足道，因为力量都用在厮杀上了，而厮杀本身并没有创造价值。

要解决这样的群体纷争，核心的方法是从争霸的逻辑转变为共生的逻辑。具体包括两种做法，一是协同产出，二是加大难度。

协同产出的意思是让群体之间通过协作来做事情，如果最终事情做不成，那么谁都要承担责任。所以，没有谁对谁错之分，而是要一致对外。如果硬要说谁是对的，那就只有一方是对的，即顾客。

协同产出，一致对外，这样就把粮仓从内部转向外部，群体之间要学会合力到外部抢资源。部门与部门之间如此，企业与企业之间的逻辑也是如此。众多企业构成产业，不论是同行还是供应伙伴，要学会一起保护产业，共同争夺产业之外的资源。答案仍然是顾客说了算，顾客来决定这个产业与另一个产业究竟谁更好。

加大难度的好处在于促进大家抱团取暖。在困难面前，群体自身将显得渺小，大家齐心协力活下来才是正确的。难度可以来自外部挑战，如果没有，我们也应该给予自己高要求。事实上，创造顾客价值本身就是一件充满困难的事情，除非我们根本就没有意识到这一点。

从根本上讲，群体共生的逻辑并不是所谓的一团和气，没有任何纷争存在，更不是惧怕竞争。事实上，我们不是要刻意给冲突下一个好还是不好的定论，不管是消除冲突还是鼓励冲突存在，一切要以价值为本。

因此，群体共生并不意味着要消除冲突，不是让我们与世无争，而是说要争就争出格局，这样的冲突才有建设性，才有意义。这也意味着，不论是商业群体之间还是物种之间，冲突一定是不可避免的，我们要去正面地看待冲突，全力以赴备战冲突，让冲突对我们来说变得有价值。

对于组织内部群体或者商业群体来说，这种“建设性冲突”的认知会催生出一种共同为外部顾客创造价值的力量，从结果来看，本质就变成了用最大的力量来贡献顾客价值。经过这种不断向外贡献价值的高水平冲突，社会才会拥有更大的价值，我们才能享用更大的价值，这就是共生。

自我管理团队理论：劲旅是怎样炼成的

自我管理团队理论讲述了如何形成一个有效的自我管理团队。这个理论表面看很简单，但是很多人都误解了，以为任何团队都可以直接进行有效的自我管理。其实，形成自我管理团队是有前提条件的。

自我管理团队的前提是授权，如果我们知道了会自我管理的团队在哪里，就知道权力应该分配到哪里。换言之，如果对方不懂得自我管理，我们在给对方权力的时候就要加倍小心。所以，自我管理和授权是互为前提的，权力不可以随便授予任何团队，而是要授予可以自我管理的团队。反过来，也只有自我管理的团队得到权力，才能运用自我管理能力把权力转变为绩效，才能证明自己的价值。

没有团队绩效的验证，我们将无法确认一个团队的自我管理水平。但这并不意味着这个前提就不重要了，我们至少应该时刻有这种意识，要同时考虑自我管理和授权问题，并且要知道，自我管理和授权会相互促进。不论是团队还是个人，多一点自我管理水平，就会多得到一点权力，经过绩效验证，自我管理水平就会提升一点，这时就会再多得到一点权力。如此积极循环下去，就是自我管理团队的培育，或者说是自我管理团队的成长。

这也意味着，如果把权力给不能自我管理的团队和个人，权力就发挥不出应有的作用。同样，如果可以自我管理的团队和个人得不到权力，那么就不仅是权力的浪费，更是成员和团队才华的浪费。所以，组织不要让可以自我管理的团队和个人怀才不遇，要创造机会并恰当授权，从而打造精兵强将和劲旅。

自我管理实际上有两个层次：一是团队本身的自我管理，这个时候是把团队看作组织的一员，并意味着组织的领导者要给团队授权。二是团队成员的自我管理，这意味着团队领导者要给团队成员授权。这两个授权缺一个都不能成为自我管理团队。

在此基础上，打造有效的自我管理团队需要把握以下四个关键要素：

一是目标导向。对于自我管理团队来讲，目标导向有三层含义。

首先，要拥有目标。有效目标设定的一般规律是通用的，即目标要清晰明确并对大家有一定的吸引力，更简单地说，就是让大家知道干什么同时又有干劲。这里要注意的是，让成员自我管理，不能没有目标，否则，大家埋头工作，最后可能没有任何成效。

其次，目标要有一致性。这是专属于自我管理团队的目标要求，因为自我管理团队可以自主设定目标，这就要求团队目标务必与组织目标保持一致。自主管理一定是有限度的自我管理，就像是组织不能脱离环境生存一样，团队也不能脱离组织的体系。因此，团队目标不能违背组织目标，要一脉相承。

最后，要明白团队为个人制定的是目标而非操作说明书。个人要责任清楚和目标清晰，但团队并不需要把目标实现的路径事无巨细地表达出来，要留给成员创造空间。这时候的团队成员就不是单纯地执行命令，而是可以发挥成员的自我管理水平和创造力。

二是自主性，或者说是分配。自主和分配是一枚硬币的两面，要让自我管理团队有自主权，意味着权力要先被分配。分配也是按照两个层面展开，一个层面是组织分配给团队，另一个层面是团队分配给个人。有意思的是，团队成了连接组织和成员的纽带，让组织和个人紧密相连。

分配的内容包括三个方面，即分权、分利、分资源。分权意味着决策权的下放；分利意味着是团队报酬占大头而非领导者个人报酬占大头；分资源和分权的逻辑一样，也可以纳入广义上的分权，意思是说，一定要让想做和能做事情的人有资源把事做成，否则，浪费的不仅仅是物质资源，还有人力资源。所以，如果没有分权、分利、分资源，就等于没有做分配。

三是协同工作。有了目标，同时把权力和资源分配下去之后，就一定要让分配下去的权力和资源产生合力，从而有效实现目标。最可怕的是，把权力和资源分配下去后，结果下面一盘散沙，这样一来，所有的权力和资源都被浪费了，因为目标没有办法得到更好的实现。所以，组织和团队当中不仅要谈分配，还要谈配合；不仅要有分工，还要有合作。但这不能责怪团队成员，关键在于团队任务的设计，即必须是大家一起完成。因此，要设计任务之间的关联性，用任务的关联性带动人们的合作。

四是工作方法论。自我管理团队不仅能够进行协同作战，更重要的是可以形成自己的作战方法论。所以，一个真正的自我管理团队必须久经沙场，懂得应战和做事的规律，积累了丰富的经验。这才是真正的自我管理团队。

有了足够的作战底气后，非但不用嚷嚷着去喊救兵，甚至可以在歼灭敌手的同时有余力为队友排忧解难。所以，作为一支可以进行高水平自我管理的劲旅，或者一名高水平自我管理的战士，总会保持高昂的士气，让自己有充分的活力带动自己和身边的战友取得胜利。而这种士气来源于经过实践检验的作战方法论，而不是盲目自信。

总之，团队是组织和个人的关系纽带，如果每个团队都可以成为自我管理团队，那么，组织就可以成为一个自我管理组织，个人也就可以真正成为一个自我管理者。如果每个组织都可以成为自我管理组织，那么组织所在的生态系统也将井然有序。

因此，团队这个不大不小的社会单元，正是人和组织修炼自我管理能力的好地方。因为不大，所以容易凸显个人能力；因为不小，可以让人们在任务和困难面前相互借力协作。懂得了这样的特点，我们就应该鼓励自己在这样的小单元里学会自我管理，感受组织和社会的自我生存法则。当学会了在小河中畅游，便有机会游向大河。

自我管理的目标，正是游刃有余。

虚拟团队理论：跨越空间距离的真实团队

虚拟团队理论为我们展现了一种现代化的工作方式：大家不用聚在一起照样可以完成工作，并且可以更加灵活高效，节约人力和成本。虚拟团队和虚拟组织这些词我们并不陌生，很重要的一个原因在于，也许我们自己已经身处这样的团队当中了，甚至这种工作方式对于我们已经成为一种常态。正因如此，不论是领导者还是成员，更要懂得如何让这种工作方式变得更加有效。当然，是否有效关键在于我们对虚拟团队本身的认知，以下四个方面有助于我们理解虚拟团队。

第一，虚拟团队是应对不确定性和挑战的方式之一。很多人以为虚拟团队是随着现代通信技术的发展而形成的，其实这只是表面原因，或者说通信技术只是一个助推器。真正的原因是我们今天面临的不确定性环境带给了我们更大的挑战，而我们并没有足够的时间和成本来克服这种挑战。对于没有办法用时间来解决的问题，我们通常利用空间来解决。

今天的重大机会和挑战不会留给我们足够长的时间去把握和攻克，我们需要迅速抓住和高效解决。所以，唯一的办法就是打破空间距离的限制，迅速组合起能做事的人，于是虚拟组织应运而生。

第二，不要只从身边找团队成员。如果我们懂得了虚拟团队生成的根本逻辑，就会知道，未必一定要从身边的人中找团队成员，尤其是当大家组合在一起并不能解决问题的时候。事实上，如果不能打破空间距离的限制，虚拟团队和传统团队就没有太大区别，这意味着，在效果上就不会有太大的新突破。

组建虚拟团队的关键在于跨界，如跨越区域边界、跨越行业边界等，去找到边界之外的人。一旦跨出边界，就会找到差异化的能力，从而有可能完成原本不能胜任或并不擅长的事情。挑战越大，相比之下，我们会的就显得越少，有的东西我们在短期内无法学到，那就迅速跨越边界寻找有效的组合。

因此，不论是企业还是个人，确定想要做的事情后，不用担心会不会做，关键在于能否找到会做的人一起做，这就要广撒网，形成网络团队或组织。当然，这也意味着，组织或团队的边界就变得模糊了，但事实上，组织和团队本身可以没有边界，核心是任务不能模糊不清。在清晰的任务引导下，组织和团队要打开边界，广泛寻找可以完成任务的资源。

第三，虚拟团队并不虚幻。虚拟团队看起来像是虚幻的，但是必须给人真实的感觉。不然，人在其中没有存在感，甚至不会觉得真的有这个团队或组织存在，自然就不会卖力，这样的话，虚拟团队就真的变成虚幻的了。

虚拟团队必须是真实的，所以，要给大家创造真实团队的感受，必须把握三个要领。

首先是从陌生人到相互熟悉。因为广撒网，虚拟团队非常突出的特征就是把一些陌生人组合在一起，这反而是团队合作的最大障碍。因为陌生，大家可能不会相互信任，所以要给机会让大家交流，不论是会议还是非正式的活动。

其次是让大家彼此分享。大家虽然空间上不在一起，但是要能够分享一些好的想法、创意，就共同做的事情达成共识。虚拟团队常常有的一个结果是每个人单干，这其实并不是团队的特征。如果这个时候虚拟团队的领导者依然觉得问题不大，继续进行下去，就有可能触碰团队的警戒线。事实上，一个人在团队当中习惯单干了，时间一长，结果可能就是单飞，如果人人单飞，那这个团队就不存在了。因为在虚拟团队当中大家没有聚在一起工作，所以要特别警惕这一点，一定要让人感受到是在和别人一起做事情，感受到彼此之间的支持和重要性，感受到合力的强大。

最后是绩效确认和回报。如果团队主管实在想让一些成员“放飞自我”，让其自由地翱翔，按照自己的想法去做事情，那就一定要用上最后这条绳子，即要能确认人的“飞行绩效”并给予相应的绩效回报。这样，不管这个人飞到多远，都不会忘记自己的责任，都会感觉到团队在背后的支持和肯定，感觉到自己有归宿。这种情况下的单干对于组织或团队来讲就不是坏事，反而可以帮助组织或团队开辟一片新天地，让整个虚拟组织或团队的真实范围更大。

第四，让虚拟团队跟着环境的变化走。因为要面对不确定性和挑战，所以虚拟团队有可能只是一个临时性的团队，任务完成之后就会解散，当然，也有可能是一个持续存在的团队。不论如何，虚拟团队并不是一个完全稳定的形态，会因任务的改变而发生变化。当面临的项目或任务发生变化时，虚拟团队就要做新的要素组合。所以，虚拟团队是一个动态团队，总会根据要完成的事情进行解散或重组。

同样，个体如果拥有灵活性，就有机会融入不同的虚拟团队。因此，归根结底，虚拟团队的出现实质上为我们提供了更多展现自我的大好机会。

现代化的通信技术促进了虚拟团队的形成，但是信息技术本身并不会把每一个人都挖出来，技术挖掘的一定是重要的人，是有价值去挖掘的人。否则，外部通信技术再强大，我们都很难被挖掘出来。

因此，对于个人来讲，在互联网时代，我们的重心要放在自身的提升和充实上，只有自己充实，才会拥有跨越空间的舞台。即使我们在天涯海角，那些为寻求成长而广撒网的虚拟团队和互联网技术也一定可以把我们找出来。

目标设定理论：用目标奔赴人生的盛宴

简单来说，目标设定理论就是，人要活得好，得有目标。在企业中，目标明确、行动坚定的人往往会有更好的业绩表现，生活中也是一样。人失去目标就会失去前行的动力，这就是设定目标的意义。这个道理看似简单，实际上很多人未必理解，把握以下三点常识有助于认识目标设定的本质。

第一，要靠目标来实现翻身。或者说，要让自己借助目标起身，真正站起来，在社会当中占据一席之地。人们常说要有梦想，但拥有并不难，谁都可以在梦想上高谈阔论，难的地方在于设定目标，只有目标才是通往梦想的桥梁，只有一个个具体的小目标才构成了翻身之路。所以，一定要告诉自己，不要“有梦想，无目标”。

忠言逆耳，但它更容易把我们拉回成长的现实，更能够把很多人或企业从梦想中叫醒，从而对我们实现梦想给予真实的帮助。如果空有梦想，只会用梦想来安慰自己，那么，梦想对于我们来说无异于糖衣炮弹，让我们沉浸其中，不断消耗自己的光阴和能量。

人是没有办法选择自己的起点的，这不是悲观主义，恰恰是一种积极乐观的人生态度。认清这一点，反而可以让自己不在讨论起点高低上花费过多的精力，更不必把人生宝贵的时间浪费在抱怨起点的高低不平上。我们的价值在于起点之后的成就，这才是属于我们自己的，也是我们自己可以去改变和创造的。对于每一个人来说，我们起身或者重新翻身的正确姿势就是先让自己归零，坦诚地认识或接受现实，之后再设定目标，一步一步前进。

国家的富强和社会的进步也是同样的道理。今天的中国之所以取得了显著的成就，原因正是我们找到了一个新的成长起点。我们在改革开放的新起点上不断成长，而在这个过程当中，我们又时刻保持实事求是的精神。

一方面是持续设定目标。例如，在20世纪80年代初期定下到20世纪末期经济总量翻两番的目标，待这个目标实现，再继续制定到2020年比2000年翻两番的目标。所以，我们能够取得成就，不仅仅是因为有愿景，更重要的是因为有实实在在的目标。

另一方面是在行动中保持稳定的节奏。每次出现经济过热的时候一定要做经济降温，拉回稳定的局面。例如，在20世纪80年代目标确立之后，为了迅速实现目标，部分地区或行业出现固定资产投资增长过快的情况，导致经济过热，同时又带来了一些社会问题或隐患，所以就开始降温，压缩固定资产投资，做经济调整，让固定资产投资回落到合理区间，从而使目标稳步实现，完成经济的平稳着陆。

在拥有梦想的同时，还要有清晰的目标以及踏踏实实的行动，这是适用于个人、组织以及社会成长的规律。换言之，如果我们懂得运用目标并付出行动，我们自己、我们所处的组织和社会也都会变得更好。

总之，要清楚并重视目标对于我们的意义，让目标成为我们进步的阶梯。如果说梦想的实现有捷径的话，那么这个捷径就是目标。拥有目标是通向梦想的捷径。设定梦想不等于设定目标，梦想不能取代目标，梦想的实现离不开目标的设定和实现。

第二，吹牛可以不打草稿，但做事得用九牛二虎之力。在设定目标时，可以有一些“吹牛”的成分在里面，目标可以高一些，可以多一些挑战，原地不动就可以实现的目标等于在做无用功。

但是在实现目标的行动上，必须要全力以赴，并且需要自己给自己打气，让自己把内在的力量都释放出来，别让自己在目标实现上留有遗憾。有时候差的就是一点点火候，但哪怕只差一点点，都会让事业前功尽弃。其实，完成目标的人也正是比没完成目标的人多付出了这一点而已。因此，对于设定的目标，不能打退堂鼓，要一鼓作气，坚持到底。

毫无疑问，目标太简单没有任何成长的意义，必须有难度，或者说必须得有真正的进步蕴含在其中，而目标的难度到底合理与否，是由结果来判定的。所谓“成王败寇”，目标再好听，再引人注目，若实现不了，就是有问题的目标。反过来说，别人都认为你制定的目标是在吹牛，甚至很荒唐，但是最后你实现了，那么这个目标就是有效目标，这个目标就立得住脚。

总之，“鸿鹄”一定是付出了“燕雀”难以想象的心血，才得以成就大业。因此，燕雀和鸿鹄的差别不仅仅是“鸿鹄之志”，更有“洪荒之力”。

第三，在背负目标的人生路上，别忘了诗和远方。这里有两个原因，一个原因在于，人生实际上是丰富多彩的，充满理性又富有诗意，这意味着，我们也要有多重的目标，如工作目标、生活目标。生活可以诗意一些，不要过度理性和严肃，在生活中对待家人和朋友不要过于严苛，不要将工作中的权力或成就欲望带入生活，多一份温情和宽容，或许可以让自己消除工作的疲惫，借助生活的滋养重装上阵，对工作全力以赴。

另一个原因在于，人生实际上是一场漫长的旅途。人们时常只顾着赶路却忘记了出路在哪里，所以有时候就会发现，目标没实现还好，实现了反而迷茫了。问题在于，我们仍然没能理解目标的本质。目标虽然要借助结果的实现加以确认，但是目标却不是结果。如果从未来和远方的角度看，目标永远只是一个过程量，是创造人生价值的必要条件和必经驿站。也许那份梦想和远方的光我们永远无法触及，但是当我们秉承初心，一直在脚踏实地地为之奋斗时，这种“在路上”的心态和行动本身就已经是实实在在的意义。

因此，不要把目标的实现变成终点，而是要持续给予自己新的动力。当一个人实现了销售目标时，一定要思考，是否有更为创新的方式可以实现更好的成绩。如果仅仅满足于当前目标的实现，迷茫和不安便会出现；反之，新的更高的目标就会驱动自己远行。

当然，不是谁都能预测未来。有的人生长在一个落后的时代，在那个时代自己无法想象未来的世界，不敢想象自己未来会成为一位企业家还是科学家，甚至都不知道什么是企业家和科学家。可是当这个人始终脚踏实地地努力，并且每次都给自己提出新的挑战时，就可能逐渐成长为多年前未曾想过的科学家或者企业家。这看似不可预知，其实早有伏笔，机会总是留给有准备的人，正是这个道理。

总之，生活不止眼前的苟且，还有诗和远方，但无论如何，都要借助目标积极前行。用力量背负目标，带着诗意奔赴漫漫人生路，就会真正享受一场人生的盛宴。

控制理论：让对的事情有条不紊地进行

控制理论认为，人的行为是可以通过反馈来控制的，而控制了人的行为也就把握住了事情的节奏。简单来说，控制是用来确保绩效产出的，具体需要明确三点。

第一，用控制来配合目标管理。在管理工作中做控制，目的是为了保证目标的实现。很多人和企业常常会出现的问题是有目标无控制，根本原因在于只在意结果而疏忽了过程，而控制恰恰反映的是行动的过程。当然，这也意味着控制的前提是目标或者标准，如果事先没有目标的话，控制工作就无从下手。

第二，不是控制人而是控制行为。如果说“今天的管理不主张谈控制”

这个说法站得住脚的话，一定要先弄清楚这个观点是在说控制什么。管理并不主张去控制人，因为没有人愿意被控制，我们不应该也没有办法去控制一个人。管理需要做的是监控达成工作目标的行为，并且通过行为结果的积极反馈来不断完善工作行为。一方面，做工作纠偏和改进；另一方面，做工作肯定和激励，帮助人们借助目标的实现来成长。从这个角度看，我们每个人都应该对自己的行为负责，去关注行为带来的结果，根据结果的反馈来完善自己的行为，并且要激励自己前行。

第三，控制并非一成不变。控制也是与变化相关的一项工作。从输入、处理、输出的系统论观点来看，控制实际 上做了两项监控工作：一部分是内部监控工作，发生在处理的部分，工作内容是保证目标达成；另一部分是外部监控工作，发生在输入的部分，工作内容是监控外部环境的变化。这两项工作的结果反馈在输出部分集中体现，呈现出了目标的刚性和柔性。一方面，要通过不断改善行为来达成目标；另一方面，要根据环境的变化来及时更新目标和计划，甚至进行战略调整。所以，控制工作的结果是，对的目标一定要达成，不对的目标就要及时调整。

因此，控制工作是内外兼修的。控制工作在外部环境监控的部分不断向目标发起新的挑战，同时在内部行为监控的部分不断向目标实现提供可靠的路径。需要注意的是，在制定目标和计划时要预先考虑到可能的变化以及应对策略，避免变化成为目标无法实现的借口，同时也避免养成只会做事后问题处理的习惯。事后控制并不是真正的控制，如果事前和事中有太多失控，或者说有太多的松懈和不负责任的控制工作，事后控制多半会沦为收拾残局。

总之，控制工作一定不是出现在事情发生之后，而是出现在事情发生之前。控制工作的核心是为了让对的事情不出现问题，有条不紊地进行。

资源基础理论：手握制胜法宝

资源基础理论认为，资源是建立优势的重要基础。资源涉及有形资源和无形资源，有形资源包括人力和物质资源等，无形资源包括知识和品牌等。对于资源的理解，重在方法论的把握。其中有四点需要把握好，具体如下：

一是要有辨别力。不管是什么样的资源，都要先辨别是否是真正的资源，否则即便拥有，也不会创造优势。不要以贵不贵或者成本高低来衡量是不是资源，这些不是判断资源的标准。

判断是不是资源，重点要看资源可以创造多大的价值。对于企业而言，要重点关注资源对顾客的价值贡献。在此基础上，再来判断资源是不是很容易被仿造，如果容易被仿造，倒不如去寻找可以创造同样价值但价格更低的“替代品”。否则，这种很容易被模仿的资源所建立起的优势就只能是短期优势。所以，要重视自主创新的资源，而不是简单复制的资源。

二是别等着资源送上门来。不要有“靠山吃山，靠水吃水”的单纯想法，这种想法不能说不对，但是必须要清楚，这些山水资源不是从天而降的，不是我们作为幸运儿可以直接享受到的。事实上，资源这个靠山一定是自己努力找来的，否则，即便靠运气或者先天条件真的有靠山，也会坐吃山空，因为资源本身是有限的，甚至是稀缺的。

三是别浪费资源。这是非常核心的问题。作为稀缺并能创造价值的资源，得之不易，千万要提醒自己不要浪费，否则，既对不起资源本身的价值，也对不起自己所费的千辛万苦。那么该如何避免资源浪费呢？这就需要明确资源本身并不独立创造价值，必须和两个关键要素配合在一起，一个是战略，另一个是能力。

资源要不被浪费，首先要确保资源没有用错地方，也就是说，企业的战略要清晰准确。如果战略的方向有问题，再好、再多的资源都会打水漂。其次，资源不能滥用。对于既定的战略目标，若用这些量就够了，就不要再继续加量，否则就是浪费。拿钱激励成员和顾客也是同样的道理，如果企业花了很多钱，最后打造出来的东西是顾客和员工并不满意的，那么就是资源浪费，这些都是战略上的方法论问题。

在战略与资源匹配的前提之下，就要确保生成另一组重要配合，即资源与能力的配合。有时候，一手好牌被打烂，这就不是资源的问题了，而是打牌能力的问题。这也是企业和个人要同时拥有资源和能力才可以真正建立起优势的原因。所以，要有好牌，还要会打牌才可以。甚至有的时候，只要牌不是太差，放在会打牌的人手里也能打出不错的成绩。当然，如果会打牌的人手里的牌再好一些，就会让优质资源的效率得到最大程度的发挥，实现资源价值最大化。

务必注意，要把重要的资源给有能力的人，不论是战略能力、管理能力还是技术能力，这些都会决定资源的效率释放。除此之外，还有一些特别的能力不容忽略，一些人以为一线人员能力有限，但是这些人员拥有一个无可取代的能力，即能够触及顾客，甚至能够影响顾客的评价和选择。所以，事实上，一线人员的能力或者说是潜能要远远超过很多人的预期。这个时候，资源就一定要给这些人，否则，资源可能就浪费在老板手里，那就太可惜了。

因此，珍惜资源不等于把资源攥在手里不放，而是放手让资源去创造价值，让资源去找到可以发挥其价值的人。如果不懂得这一点，就是对资源的误读和束缚。

对于持有资源的人或者企业，也要时刻注意能力的提升。很多人认为对于“富二代”而言，资源很重要，以为传承到的资源是其最大的资本。但事实恰恰相反，对于这些人来说，能力更重要。能富过几代，不是看资源多少，而是看能力大小。能力不够，资源无法创造新的价值，就会一直处于消耗状态，直至最后枯竭。对于很多人来说，最初的资源并不多，但是当我们可以不断提升能力的时候，就有机会让有限的资源去“滚雪球”，从而实现资源的增长和积累。

四是要注意资源的有效期。其实资源就像我们日常的食品和用品一样，再好吃、再好用，也有过期的时候。并且，资源的保质期正在逐渐缩短，因为环境变化更快了，市场的需求也在变化，并且是在不断加速变化，这甚至会导致有些资源的有效期还没到，就已经提前过期了。所以，企业要不断审视自己的资源，也许当我们在一味地苛责某些资源不能创造价值时，其实这些资源已经失效了。

这就需要回到最初的循环，重新辨别自己的资源，要敢于果断地丢弃，并且对新的资源展开不懈的追求。这样我们就会理解，企业为什么要不断地升级人才，让企业人员年轻化，同时，作为个人，为什么一定要活到到、学到老。

辨别力、主动性、滚雪球、保质期，当我们可以用这些关键词不断提醒我们与资源的关系时，资源就会帮助我们建立起优势。

总之，人不能总想着一劳永逸，企业也不能只想着坐吃山空。一山更比一山高，资源在脚下，更在下一个山头，因为这样的认知和攀岩，资源才能再生，企业和个人才能成长。

资源依赖理论：要付出获取资源的代价

资源依赖理论并不是在说资源本身，而是在说资源在人和环境之间的桥梁作用。当把组织看成一个开放的系统时，组织的生存就依赖于与外部环境的资源交换。资源是我们赖以生存的基础，我们必须从外部环境得到满足生存需要的资源，但是更重要的是，要思考外部环境的资源为什么要给我们。所以，我们在向外部环境要资源的同时，也要给予外部环境希望我们给予的资源。这意味着，我们要生存，就要意识到这种依赖关系的存在。

讲资源依赖是绕不开“权力”这个核心概念的，因为权力代表着资源的占有和支配。谁拥有我们想要的资源，谁对我们来说就有权力。谁的资源基础越雄厚，谁的权力就越大，这是资源基础理论的观点。

相反，如果仔细去理解，在讲资源依赖时，更多是在说占劣势的一方如何生存，因为自己并没有资源，不得不低头求人。这样的理解恰恰呈现出了一个很有意思的成长路径，即刚开始很多人和企业没有资源，因为不断获取资源，逐渐从劣势群体中走出，成长为拥有优势的一方。反过来看，那些今天看似拥有资源的企业和人也一定会经历这个成长阶段。

意识到这个成长机理，就对资源依赖关系有了深刻的体认。而要获得这种体认的真实价值，只需要确认两个非常核心的问题，即谁有我们成长需要的资源，以及我们要做什么才能得到这样的资源。这两个问题我们可能要向很多人问，同时还可能要不停地问，最后成为我们生存的一种思维方式。

例如，我们最想要的利润其实是在顾客那里，我们就一定要清楚可以给顾客什么价值。我们的创业资本可能在投资人那里，我们就一定要描绘出我们的事业可以发展成什么样子，从而打动投资人。同样，还要思考我们的合伙人在哪里，怎样打动合伙人；我们需要的各种人才在哪里，如何吸纳这些人；我们执行任务时需要的资源在哪里，要怎样做才能得到这些资源。

就这样不停地问，把我们从小到大、从劣势到优势、从不成熟到成熟的一系列赖以生存的资源和相应代价逐一罗列出来，从而形成我们的生存路径。

因此，生存不易，要理清头绪，并用汗水换来生命之源。

知识基础理论：知识是最宝贵的资源

资源基础理论告诉我们资源是产生优势的基础，知识基础理论则更进一步说明，知识是最宝贵的资源，是我们的优势基础。当然，有的知识是显性的，可更多的知识是隐性的。所谓“只可意会，不可言传”，不是说知识没有办法表达和传递，而是真正的知识需要我们好好领悟。

例如，对于一本书、一部电影、一次成功或是一次失败的经历，是过眼云烟式的对待，还是把其中的精髓沉淀下来？我们对于知识的态度，决定了我们能否得到知识。有用的知识往往都是隐藏起来的，需要经过发掘和加工才能得到。

仅有对待知识的态度还不够，还得认识知识产生的路径。知识产生的路径是，从数据到信息再到知识，最后被拔高为智慧。

首先是数据。数据记录真实的世界。例如，公司里记载着每一个人的业绩数据、考勤数据，这些数据由财务和人事部门记录，储存在账本或计算机系统中。然而，如果这些数据只是孤零零地放在那里，就不构成知识，因为我们并不知道这些数据所包含的意义。当这些数据向我们发出信号，成为信息，我们就可以利用它们了。

其次是信息。公司里的一对“夫妻档”最近业绩下滑严重，与此同时，人事数据显示这两个人最近都没有一起来上班，而以前都是一起来打卡的。这就开始发出信号了，即两个人之间可能出现了一些矛盾或问题。当这些数据不再是冷冰冰地搁在那里，而是向我们透露了一些信息时，数据就变成了信息。

再次是知识。得到了这个信息之后，公司管理者就去关心这对夫妻的情况，原来最近两个人的业绩下滑真的是因为两个人在闹矛盾。找到了问题的本质后，知识就出来了。于是公司开始帮助缓解两个人之间的矛盾，至少帮助两个人走向工作的正轨。

最后是智慧的升华。在解决了这对“夫妻档”的问题之后，我们还应该留意一下其他问题，如企业员工凝聚力如何，企业联盟之间的关系与合作绩效如何，等等。借助这些点滴的知识积累和迭代创新，就会踩出一条智慧之路。这条路走得越长，其他人越不容易在短期内学到。如果只是拥有一个知识点而不是走出一条智慧之路，即便有短暂的优势，恐怕也会被快速超越。

因此，只有走在智慧之路上，才会拥有创造优势的知识。从这个角度来审视，我们是否真的拥有知识了呢？

另外，千万别让数据束之高阁。不信问问自己，我们有多少存放在书架上的书已经很久没动了？如果只是放在那里，并且书与书之间没有互动，书与我们的生活和工作之间也没有互动，那我们就只是一个数据收藏家。

知识吸收理论：别忘了检查知识是否入账

知识吸收理论认为，不论是企业还是个人，要获取绩效，需要不断吸收新知识。要真正懂得知识吸收理论，需要把握以下两点：

一是确信知识的力量。成功的因素有很多，但必须要确信，知识是其中必不可少的因素。只有给予知识足够的信任，才有机会去吸收知识，否则，知识的大门将永远关闭，自己距离成功将会越来越远。

管理理论首先告诉我们的一个基本规律就是，资源是构成一个人或企业竞争优势的基础，而在诸多资源当中，知识是最为宝贵的资源。如果一个人真的拥有宝贵的知识，那这个人就可以通过两种途径让知识的力量爆发出来。

第一种是自己运用知识去做事情，发挥知识作为资源的价值。第二种是发挥自己作为资源的价值。当一个人拥有宝贵的知识时，这个人就变成了宝贵的人力资源，这种宝贵的人力资源自然会有很多企业或组织愿意使用。

这样，我们就会清楚，知识一定是有力量的，当我们可以成为知识的载体时，就会与知识融为一体共创价值。所以，我们要特别注意让知识真正进入我们的头脑，成为自己的一部分。

二是确认知识的入账。知识不是在书本上看过、在学校里学过、听别人说过就是自己的了。这些都只是知识的输入，知识要经过输入、处理、输出之后才能确认入账。

在输入阶段，要学会甄别知识，其核心标准是，这种知识是否会对自己的未来产生重要变化，也就是说，如果不学习这种知识，自己的未来就会受到限制和损害。

在处理阶段，要先理解知识，再把知识转化为自己的认知。知识转化的核心标准是“情境性”，即将所理解的知识与自身的实际情况结合起来，这样我们就会知道，知识一定不能死记硬背。那些认为知识无用、无法确信知识力量的人往往是陷入了生搬硬套的误区，原因就在于没有对知识进行转化。

在输出阶段，要学会应用知识。准确地说，只有把经过转化的知识运用到实践过程中，进而验证哪些知识真正有用的时候，知识才真正入账。这时，这一轮的知识吸收才算完毕，新一轮的知识吸收又继续开始。

因此，最核心的问题是：你的知识到账了吗？不论花了多少资金和时间去获得知识，最终目标都是让知识成为我们的身内之物，并转化为应用价值。

当我们可以真正看到知识在我们身上创造价值时，知识才算真正入账；相反，如果知识永远在途，永远飘在空中，我们只能远远地望着知识却不能拿来用的话，知识就不能入账，这笔交易就变成坏账了。

动态能力理论：检查能力的动态性

动态能力理论是说，当企业保有动态能力时，会有更多的优势，且当企业可以持续保有动态能力时，优势也会更持久。反过来说，不论是企业还是个人，要想为自己赢得更多和更久的优势，就得拥有动态能力，并且是持续拥有动态能力。理解动态能力需要把握两个关键点，一个是能力，另一个是动态。如果要进一步弄清楚什么是能力和动态，就要明确区分以下两组概念：

一是能力和资源。在谈企业或者一个人的优势来源时，除了外部的环境以及运气之外，谈得最多也是最根本的就是自身拥有的资源和能力。可是很多时候人们不太容易区分清楚什么是资源和能力，甚至常常混用，原因在于没有找到区分两者的标准。其实用一个很简单的例子就可以把两者区分开来，如做饭，肉是资源，能不能把肉做得好吃，就要看能力了。

二是动态和静态。有动态能力，自然会有对应的静态能力。当然，两者永远是相对的，没有绝对的动态和静态之说，但是我们也不能因此就说没有办法区分两者。同样的资源，在两种不同的能力之下，创造的价值是不一样的。

仍然以做饭为例来说明，肉和面粉是资源，如果一个人不管是在中国还是在美国，都只会拿肉和面粉来包饺子，这就是静态能力，这种静态能力会限定一个人或者企业发挥优势的范围和区域，使生意无法做大。如果这个人既会给华人包饺子，也会给美国人做比萨，就拥有动态能力了，从而扩大发挥优势的范围和区域，把生意做得很大。

这看似是一个简单的道理，但很多企业也许就是因为自己研发能力的相对静态，约束了自己的业务创新或市场拓展能力。

这是从区域范围的角度来说的，从时间范围的角度来说也是如此。如果一个美国人既会给传统的美国人做比萨，也会给拥有现代观念的美国人做水饺，或者一个中国人既会给传统的中国人做水饺，也会给拥有现代观念的中国人做比萨，会跟着时代的变化让自己拥有不同的能力，那么就拥有了动态能力，就会延长优势持续的时间。

因此，如果我们的能力可以动态适应不同地区的顾客，可以动态适应不同年代的人群，我们就可以自信地说，自己拥有了动态能力。反过来，如果我们的能力达不到这样的水平，就说明我们能力的动态性还不够，不论是对于研发、生产还是营销等能力来说都是如此。

如此一来，我们就懂得了动态能力与竞争优势的关系。以资源为基础，当可以根据不同的地域和时代变化来构建自己的动态能力时，更多和更持久的优势就会出现。

事实上，经济学和管理学在定义企业家上有共识，就是可以面对环境并把资源转化为价值的人。所以，一个企业家无论是做资源的整合、分配，还是做结构的重组，目的都是把手头上的这道菜做好，一定不是把好好的资源做成一道无人问津的菜品。

企业家的创新奥秘，就在于企业家有意识地维持着组织的动态能力，从而不断推动资源在环境中大放异彩。因为动态能力，资源才可以动起来组合出新的功能和价值，给顾客的菜品才能让人吃得津津有味，并且因为持续拥有动态能力，推动资源不断去做出创新，从而不会让顾客吃腻企业的菜品，反而对企业充满期待。有这样的动态能力在，企业的优势一定会长久。

博弈论：从博弈到共赢

博弈论严格来说不属于管理学的范畴，主要是在经济学领域探讨。由于管理学关注行为的有效性，所以从这个层面来看，我们可以从管理的角度来重新理解或定义博弈论。

在博弈的过程中，各方斗智斗勇，但最后可能是聪明反被聪明误。这种经济学的博弈认知放在管理学中或许应该更简单一些，即博弈就是一场游戏。既然是游戏就别太较真，友谊第一、比赛第二，否则就没人愿意和你一块儿玩了。为此，需要在行为上把握以下三点：

一是从个体利益上升到整体利益。这一点是理解博弈论的根本，也是重中之重。人们常常比较经济学和管理学，如果我们细细去品味，就会发现两者有一个很有意思的差别，即经济学更侧重生活，管理学更侧重工作。所以，民生是经济学的基础，组织则是管理学的基础。经济学的出发点是人的利益，管理学的出发点则是怎么产生一个好的组织。其实管理学和经济学并不矛盾，管理学有自己的思维方式和解决民生问题的方法与路径，其中的逻辑基础在于，当组织强大的时候，人们才能幸福。

过去一百年里，美国正是因为有通用汽车、福特汽车、通用电气、麦当劳、可口可乐、微软、苹果等伟大的组织，人才有实现价值的地方，才能获得幸福，这是管理学在美国创立的基础。管理学在中国也是用这样的方法论解决民生问题的，我们的幸福其实也是来源于诸多优秀企业的成长。读懂了这一点，就能收获一个“绿色版本”的博弈论，或者说是管理学的系统思考版本，即大家好才是真的好。

因此，在管理实践当中，不论是对于团队成员还是职能部门，要鼓励责任清晰，但不鼓励各自为政，要做到“若即若离”。大家好像有一定的分割性，但是又在一起，没有那么遥远。方法就是在职责分工的同时，设计责任之间的关联性，以各自的责任为基础，依靠相互帮助来共同创造和交付价值，也就是要设计“1+1>2”，而不是让 1 和 1 仅仅以孤岛的形式存在。换句话说，“1+1>2”其实是设计出来的。

事实上，经济学在操纵博弈各方“1+1<2”的结果时也是经过设计的。例如，在审讯一个犯罪团伙时把每个人彻底分开来审讯，这时候人人开始自保，因为如果自己不说实话而对方说了实话，那么自己就彻底完了。隔离审讯让人与人之间的信息完全不对称，让彼此之间失去了构建信任的基本条件，自己完全不知道也无法断定对方的真实做法，这样的设计，最终让整个团伙如实交代，也让每个犯罪分子得到应有的制裁。在这里，经济学的设计逻辑或解释逻辑就是人的自私性，而管理学的逻辑则是先废除这个恶性团体的组织性，这时候整个效率一定会下降，就会得到“1+1<2”的无效管理制裁。事实上，非法组织一定会被法律制裁，而当除掉不法分子的组织性时，就已经预示着每个不法分子注定要自食其果了，再要任何伎俩都无济于事。

反过来说，“1+1>2”的设计逻辑也是如此。同时也要提醒我们，对于一个好的组织来说，如果组织当中的个体被割裂，最后就不会有绩效。并且，这种结果是个体和组织的绩效同时受损。对于一个在做好事的组织来说，这就非常可惜了。因此，必须要设计并且保持大家的组织性，让彼此在分工的前提下保持协作。

当然，这个例子也包含了邪不胜正的规律。一个行为不正的组织迟早会瓦解，这也是组织一定要保持正向的原因。组织的行为应具有合法性，组织只有时刻做正确的事情，才能成为一个可以持续凝聚大家的组织，才能成为一个可以为社会创造价值的组织，其中的人才能变得更有价值、更幸福。丢掉了这个前提，任何管理方法都无济于事。相反，不正的组织只会受到管理规律的制裁，因为管理始终在弘扬正义，在鼓励和引导好的组织产生并推动人的幸福。

因此，“1+1>2”就是管理的奖赏。前提是我们懂得管理，并且在做正确的事情。这就是我们从管理的角度对博弈论的重新定义。

在这个新的定义当中，管理的贡献或者说管理学对于经济学的补充在于，借助组织把人从个人利益当中解放出来，同时因为组织这个整体又保证了个体利益得到实现，这就使整个博弈的结果变得更加积极和正向，变成各方真正期待的结果。具体来说，当我们忽略组织的时候，就只有个人利益在争斗，最终是不好的博弈结果。而管理把组织的概念带进来，让个人利益上升到整体利益的层面，并且借助整体利益的实现，个体利益也得到了更大的实现。这就是在管理中谈博弈有效性的关键原理。

当一些人在做不好的事情时，管理的智慧在于，通过干预组织或把组织拆散来阻止人们做不好的事情，因为这个时候每个人的力量都很薄弱，并且不再有整体的支撑。相反，当一些人在一起做好事时，管理的智慧在于，通过组织的形式去强化大家的共同利益，并通过共同利益的实现，最后保证每个人的利益得到最大化。

懂得了这些就会知道经济学和管理学的视角差异：经济学会从宏观层面探讨整个国家和社会的经济发展，也会从微观层面描述人作为经济人的行为选择，所以，就有了宏观经济学和微观经济学。相比之下，管理学的视角是一种相对中观的视角，管理学借助组织这个中间桥梁连接起人和社会，并通过正向的组织发展来促进人和社会的发展。

二是从完全理性到有限理性。全局观是管理学对于利益的一个基本观点，这一点我们要特别注意。

管理学重视利益但不把利益绝对化，而是要在利益前面加上一个限度。即便企业的整体利益很重要，管理学也会建议企业三思而后行，不要在利益上做过度追求。所以，企业在追逐利益的同时要考虑到是否对环境造成了伤害，因为企业是大环境中的一员，企业的发展要考虑到环境的可持续性，不能太过冒进，否则可能痛快一时却遗憾终生。

因此，有限理性提醒我们不要过度理性，如果理性过度，为了利益而不惜牺牲一切代价，那么就会过犹不及企业一定要保持正确的理性思考，不偏激，不过度利己，保证企业在正确的航向上，这也是一个组织理应承担的责任。

三是学习游戏规则。当我们在一起合作的时候，要在意大家的共同利益，不要转化为一种完全自我的行动，这就要求我们遵守基本的游戏规则。

游戏的结果一定不是零和博弈，不是一方战胜或彻底压倒另一方，因为合作是管理所主张的方式，这一点要特别注意。如果一个人或者企业总是以压制对方的方式做事情，最后就会成为孤家寡人。

如果一个企业总想把同行赶尽杀绝，最后这个行业就有可能灭绝；如果一门武功成为独门绝学，可能就离失传不远了；如果一项运动总是一个人战无不胜，最后就有可能变成自娱自乐；如果一门学问只是闭门造车，最后就只能陈列在象牙塔中。正确的方法是开放或改变游戏规则，让大家能从中找到乐子。这个乐子，其实是参与其中的价值和意义。

人们都愿意和一个遵守游戏规则的人在一起，所以我们得学着去摸清各种游戏的规律，例如，怎么做生意、怎么做工作、怎么维系人际关系。这些规律很多时候不会想当然地自动出现，需要我们有意识地去发现、总结和遵循，从而让大家在游戏中皆大欢喜，其乐融融。

总之，如果把事情想象得太过复杂，计算得太过清楚，就会让自己游离在游戏之外。难得糊涂，独乐乐不如众乐乐，让自己多付出一点或者多牺牲一点，只要结果可以让大家多一些快乐，这也是一种智慧和胸怀。只有遵循规则、放大格局，才能让自己在合作中大放异彩。

利益相关者理论：从相关者到共同体

利益相关者理论认为，企业的一举一动都会牵扯各方利益，所以企业的行为不能太随意。当然，利益相关者有很多，如投资人、顾客、员工、社会团体及政府部门等，企业要保住奶酪，得懂一些相处之道。

一是要清楚利益相关者不是管理者。利益相关者固然重要，但不代表企业一定要服从利益相关者。投资人拥有资本，但未必懂得管理，如果决策由不熟悉管理、行业以及企业内部情况的投资人来做的话，往往会损害企业的利益。

顾客也是如此，虽然企业讲顾客第一，但不代表一切都听顾客的。很多时候顾客也未必真正知道到底什么样的产品才能满足自己的需要。如果一个企业完全按照顾客说的去做，那么最后做完了顾客也未必买账，因为顾客最初的设想可能是错的。这样企业反而做了很多无用功，还得继续重做。

企业最需要的是摸清利益相关者的真实诉求，但是解决方案和实现路径必须自主创造。因此，利益相关者是VIP，但不是决策者，企业的决策准则是从方向上考虑利益相关者的利益，但行动方案必须基于自身的想象力、管理水平和专业性。

二是要清楚距离远不代表不重要。利益相关者有远近之分，但千万不要仅凭远近来判断重要性。事实上，那些距离远的利益相关者可能比我们想象的要重要得多。投资人、员工、供应商、客户，这些利益相关者要么在企业内部，要么在企业身边，围着企业团团转，但是还有远方的消费者和外围的公众。对于不直接触及消费端的企业来说，常常会忽略消费者和公众。

距离消费者越远，越要警惕，因为消费者是终端，我们是被选择还是被淘汰，真正的权力在这些人手里。如果消费者选择的产品不是我们供应的或者参与供应的，我们就会被淘汰。如果有一天我们的近端客户突然离开了我们，则原因只有一个，即终端的消费者不需要我们的产品了。换言之，消费者虽远，但我们必须心系消费者的利益。这也是今天很多源头企业开始涉足消费端业务的原因，只有走近消费者，才可以了解消费者的内心，真正把握消费者的需求，而把握了这个需求，源头之水就会更加有活力。

企业对于社会公众利益的关注也是如此，尤其是在今天摄像头无处不在、企业的一举一动都可以被准确记录的数字化时代，企业一定要在意自己的行动有没有给周围的环境造成破坏，或者带来了不好的影响。如果不在意这个部分，就有可能在这个部分出现问题，而一旦出现问题，结果一定是企业自己来买单，并且成本往往要加倍。因此，在社会利益上，企业一定要谨慎，不要去做危及公众利益的事情。

三是要把法律放在利益的前面，始终坚持合法性。企业讨论任何利益都必须有一个根本前提，即合法性。一个人再位高权重，一个企业再根深蒂固，一旦违背法律，一定会被连根拔起。所以，应该形成一个习惯性的意识，把利益相关者和合法性放在一起讨论。

很多时候我们会受到利益相关者的一些压力，或者我们自己内心的欲望膨胀，当这种力量过猛时，就容易触碰法律底线，从而失去理智。因此，要时刻提醒自己具有利益和法律的双重思维。

四是要有系统思考，将利益相关者转变为利益共同体。做决策不能只顾一方利益，而损害另一方或各方利益，否则就会破坏整体利益和长远利益。

如果在利益分配上更多考虑投资人，员工和顾客利益就有可能受损，这样员工的干劲会变小，企业接下来用于应对顾客变化的资源也会受到影响。

在思考问题时，要把所有的利益相关者放在一起，因为大家不仅是相关者，更是共同体。决策需要做的是权衡，权衡的方法就是根据每一次的决策反馈做调整，进而逐渐找到价值创造与分配的平衡点。如果这次员工分少了，下次一定要补回来，只要是做出贡献的相关者，都应该得到相应的回报。这样，所有的相关者才愿意与企业组合在一起，成为可以创造更大价值的共同体。

委托－代理理论：经济人算经济账

委托－代理理论认为，一个人不可能兼顾所有，因此会委托代理人去做自己不去做的事情。委托－代理理论看似是一个生活常识，但是在应用时必须把握四点，否则，对于这个理论的认识也就仅停留在常识阶段。

一是目标导向。在整个代理过程中会出现各种各样的情形，可能很复杂，也可能会发生不愉快，但是不论如何，委托的目的是把事情做成，否则就会增加不必要的过程成本。

从这个角度来讲，对于委托人来说，最重要的是明确要做什么以及做成的标准是什么，基于此，去找代理人来完成。虽然委托－代理理论来自经济学，但是管理学会把这个逻辑拿过来用。事实上，我们要从经济人的角度出发去做委托代理，要委托给谁取决于事情的绩效，即谁可以把事情做好，就委托给谁做。

企业传承的道理也是如此。一些有效传承的家族企业甚至会拿掉家族这两个字，原因在于，当把重心放在企业的命运而不是家族的命运上时，也许未必能让家族在自家企业中代代卓越，但是有可能让企业代代卓越。相反，如果以家族的命运为中心，可能就会做出另外一种安排，但这种安排有可能影响企业的命运。

目标明确是有效运用委托－代理关系的基本前提。对于代理人来讲，最重要的是明确责任，简单地说，就是要把事情做成、做好。同时，要保持理性，不要受个人情感因素干扰，只围绕责任去做事情。因此，在代理人的选择上，最重要的考察因素是责任感。

二是利益整合。整个委托－代理过程中的最大风险在于代理人按照自己的利益来行事。其实委托人也是按照自己的利益来委托的，所以，责备对方自私并无意义。只有明白谁都有经济人自利的一面，才可能规避委托－代理过程中的自利风险，因为这样能有意识地去看利于对方的一面。因此，委托人和代理人谁都不能吃亏。除了彼此的信任外，还要有利益的整合，让双方成为利益共同体。

这一点对于委托－代理关系至关重要，也是高层次委托－代理关系生成的基础。理想中有两种高水平的委托－代理关系，一种是形成战略性的委托－代理关系，也就是形成长期合作。长期合作会加深彼此的信任，节约选择和磨合成本，更为高效。但是这样的关系必须有一个前提，即保证双方不能在利益上吃亏。所以在利益的问题上，委托代理双方要加倍小心，不在乎自己的利益肯定不行，但是不能过度在乎自己的利益，不留给对方空间。从这个角度来说，管理学不倡导绝对的经济人或者理性人，而是追求有限度的理性，保证双方利益。

还有一种是超越利益的委托－代理关系，即与代理人建立更高级的共同体，这种共同体可以超越利益，大家有共同的价值观、共同的使命，用使命甚至命运共同体来驱动大家一起做出努力。这样当然很好，但还是要注意，不能越过利益整合直接谈使命或命运共同体，因为代理人也要吃饭，这是最简单的道理。所以，还是要回归理性，如果在委托－代理关系上做不到利益整合的话，或许短期内双方还能空腹坚持，但是长期关系就很难构建。这是企业建立任何高层次的共同体时都需要遵循的底层逻辑。

三是积极监控。监控并不代表信任的缺失，而是为了确保任务的完成，而且只有任务完成才能巩固信任。因此，委托人对于代理活动需要做三项监控工作：绩效考核、行动规则以及持续改进。要明确委托任务的完成标准并考核确认完成度，要约定履行委托任务需要遵守的行为规则，要在代理人完成任务的过程中及时发现漏洞并纠偏改进。但是这个过程中的监控并不是对代理人的监控，而是对代理活动的监控。代理人有代理人的自由和做事范围，所以，监控只需要关注代理人在委托事项上的表现即可。超出了这个范围，反而成了委托人越界，甚至有可能破坏彼此的信任。

四是成本核算。利益整合和上述每一项监控活动都会产生成本，委托人必须算一笔经济账，确保委托成本相比创造的价值是划算的，否则，就不如自己去做。

如果懂得了这一点，我们就会知道为什么自己一定要双手勤劳。因为当我们双手勤劳的时候，就会给自己省成本。所以，对于一个刚刚开始创业或者工作的人来说，自己应尽量多做一些事情，多付出一些，因为增加人员成本很高，自己多做反而是帮公司省钱。等生意好一些的时候，还是要继续这样打算盘，盘算哪些自己照顾不过来的事情交给别人去做更合算。

因此，未必所有的公司都适合请顾问，也未必都适合董事会制度，甚至未必需要去找职业经理人。但是，当企业能够负担起这些成本的时候，就要主动去做委托代理，否则，会限制自身的成长。因为这个时候过度节约或节省对于企业的现有能力和资源而言，反而是一种浪费。

总之，在委托－代理关系上，还是要做一个相对理性的经济人，有利己心但又不过度自利，要平衡好彼此的利益关系，并且能够借助委托－代理关系帮助自己一点一点地成长。这就是我们非常期望看到的委托－代理关系，而这种关系的培育和成长折射出的正是组织的成长。

交易成本理论：成本是交易的基础

交易成本理论把视角聚焦在交易的成本问题上，告诉我们在做交易时，得算一算这笔交易值不值。

从根本上讲，交易成本看似是在讲交易，其实重点在成本上，并且核心在于我们自身的成本控制做得怎么样。换句话说，在同样的品质之下，如果我们自己的成本控制得更好，人们就更愿意来买我们的东西。

交易成本是一个经济学的概念，在经济学里，降低成本可以通过扩大规模的方式来实现，也就是规模经济，即规模越大，专业度和熟练度越高，单位成本就越低。这也启发管理学通过合作的方式来增加规模，如两个企业融为一体，不论是同行之间还是上下游之间，结果都是企业拥有了更大的规模，这种规模不论是在内部生产还是外部讨价还价上，都会获得一定的优势。

不过这是比较理想的状态，事实上，即便是经过合并拥有了规模，或者说本身就是一家比较大的企业，也未必能自动具备优势，还得看自身的成本控制如何。所以，有时候企业会出现这样的现象，自己人不用自家生产的部件，反而去买别人的部件，因为内部的交易成本太高了，别人的东西卖得更便宜，同时还更好用。这样，我们还能怪自己人去选择外人的东西吗？反过来也是一样，如果自己的产品成本控制得好，那么不仅是自家人来买，还可以卖给外人，何乐而不为呢？

当然，有时候可能存在感情因素，即使我们的东西贵一点，别人也买我们的。但是别人买一次可以，第二次就不会再买我们的账了，因为交易说到底还是一种市场行为，用没有成本优势的感情基础做交易是不牢靠的。

因此，交易成不成，关键还是看自己。大企业更要自省，虽然有规模经济的说法，但是规模不会自动产生经济。若两家企业合并得不好，反而会增加更多的成本；若两个部门协调得不好，内部供应的东西总是与内部需求的东西有分歧，胳膊肘自然就会往外拐。所以，空有规模还不行，还得拥有协作效率。

管理要降低成本，促成交易，不论是内部交易还是外部交易，根本在于对自身的有效管理。要让规模成为更有效率的规模，要让买卖双方从强买强卖变为愿买愿卖，这个时候的交易才是真正自发的、最合算的，也是可以细水长流的。

事实上，交易成本说到底就是价格。只是东西好还不够，交易能不能成，还要看东西便不便宜。如果顾客买不起东西就卖不出去，生意就做不成。好货不便宜这句话根本就不用说，谁都会做贵的好东西，能把生意做好做大的一定是可以便宜卖好货的人。如果我们的产品给顾客的感受是质量很高，但价格太贵，那么一定会有人做另一个动作：在好货当中拿掉一点不影响好货品质的成本，通过这种成本控制把价格拉低一点，从而赢得顾客的认同，完成交易。当然，如果我们清楚这个道理，做这件事的也许就是我们自己。

管理学中的成本领先策略是从产业经济学中延伸出来的，经济学一语中的，点明了交易的成本基础。

经济学更在意交易的经济性，而经济本身就有节约、省钱、价格实惠或划算的意思。对于企业来说，在产业竞争中胜出的一个最简单的方法就是有交易量，而交易量的经济学逻辑基础就是成本领先。当然，管理学在这其中又增加了一点，即不能因为控制成本而降低品质，也就是要让成本对准价值创造，不把成本浪费在顾客并不看重的点上，这样就能保证产品是好货，同时还不贵，从而创造交易优势。

不论如何，好货不贵，才是硬道理。

议题设定理论：设计正向的魅力议题

议题设定理论认为，可以通过议题的设定来吸引注意力。事实上，不论是媒体发文还是政府和企业开会，甚至是个人在朋友圈发文，都需要借助题目的巧妙设定来引人关注。在理解和运用这一理论时需要把握以下三点：

一是确信议题的魅力。尽管看起来是人们在选择自己喜欢的议题，但事实上，一个经过设定的议题会影响甚至主宰人们的选择。因此，议题有能力影响人们的选择，这是在设定议题时必须坚定的信念。

在这里要特别注意的是，在议题上我们容易犯两种错误，或者说习惯上会有两种疏忽。

第一种情况是有会议、无议题。很多时候只是为了会议而开会议，这样会议就会成为一种形式。今天我们比较提倡仪式感，所以有很多活动的仪式感都非常强，可是如果这个仪式感缺少一个核心主题的话，就真的只剩下仪式了。实际上，仪式感是为主题服务的，增强仪式感的目的是强化主题的效力，让主题深入人心。所以，千万要注意，不要让仪式没有主题，否则，再隆重的仪式都不会给人带来有价值的仪式感。

第二种情况是有议题但没有去强化议题的重要性。不要干巴巴地把议题亮出来，而是要让大家觉得这个议题本身就很重要，这就要求议题的设定者自己很重视这个议题，这也是会议与发布会等形式需要正式和庄重的原因。

当然，发文也不能空有一个标题，而是要配上精彩的内容，这样才能真正展现出议题的魅力。

二是议题要有需求导向。议题的魅力来源于和参与对象产生的共鸣。因此，议题必须是重要议题，而重要性的判断标准在于有没有触动人心。从这个角度来审视企业的议题，就会知道哪些是重要议题。不论是个人还是企业，恒久的议题永远都是生存和幸福问题。所以，不要绕开这个需求点去设计议题，更不要巧妙地回避或绕开这个议题。

因此，一定要考虑人员与议题是否匹配。如果是议题在先，我们就要思考是否找到了真正契合这个议题的人员。例如，对于内部会议和产品发布会来说，是找到了真正契合议题的人员，还是有很多不相干的工作人员和根本不在意我们产品的顾客在场。如果找不到契合议题的人员，议题就没有办法直击参与人员的内心，从而降低议题的成效，浪费参与人员的宝贵时间。

如果是针对特定人群设计议题，更要注意议题是否贴合了这些人的真正需求，否则会造成同样的无效结果。例如，对于一些新成员的入职培训，有些企业一开始就切入公司价值观和技能培训的议题，这当然很重要，但是大部分年轻人可能还有更加看重的内容。所以，更聪明的企业会把议题首先聚焦在新成员的成长上，去讲述小鹰如何成长为雄鹰的故事，让年轻人看到自己未来的希望，然后把成长的职级路径和原则向年轻人理性地表达清楚，从而更为快速地把年轻人或者职场新人带入状态。在此基础上，再去交流公司的具体价值观和业务技能就会事半功倍。这就是更智慧和更有魅力的议题，因为议题契合了人们的需求。

三是议题设计背后的初心一定要正向。有时候，人们有看热闹的心理，或者有图新鲜的心理，为了满足这样的心理需求，一些议题会设计得比较个性，以吸引人们的注意，这是好的一方面。不过，要注意不能过度运用议题的个性，最后让议题变得模糊，甚至改变了整个议题的色彩，给大家造成误导，这样的议题不论再个性、再吸引人都是有问题的议题。因此，不论如何，正向清晰是议题设计的基本标准。

有的企业年会或者内部会议确实可以点燃大家的激情，但是如果这种激情是围绕着消灭哪个对手进行，或者引导大家做一些很急功近利甚至损伤同行利益的行为，那么整个议题就偏了，也会把人的行为带偏。正向的议题应该围绕着顾客价值的增长，点燃的热情是让大家更在意顾客价值的研究和传递，并且通过合作的方式把这些价值呈现出来。

同样，一个产品发布会只聚焦于自身产品对顾客的价值就好，不要花过多篇幅去评价对手的产品，更不要暗讽或者贬低同行或对手的产品，有时候甚至一不小心会帮助对手打广告，还暴露了自己的不足，更可怕的是引来了对手的报复。如果一个产品发布会的议题初心在于呈现出产品的亮点或变革之处，让顾客感受到产品的美，并在此基础上引领整个行业或产业的进步，那么一定是一个有积极影响的产品发布会。这时候不仅顾客会为自己叫好，同行也会来点赞，有时候同行还会前来给产品站台，因为可以感受到对大家共同的好而不是伤害，这才是企业、顾客以及同行共同需要的议题。

如果企业的议题设定很狭隘，就没有办法成长为产品领袖和行业领袖，也就没有办法让企业的成员真正成长为可以聚焦顾客价值并有真实能力的一流员工，等于说自己企业的成长被自己狭隘的心胸限制了。因此，议题是会影响人的，不仅会影响别人，也会影响我们自己。议题设定背后的初心一定要正向，这样才能产生正向的影响和价值。

所以，不建议采用负面议题博人眼球。引导性是议题的魅力之一，只有传递正向的价值观，并且带来积极的情绪，才有人愿意追随。

媒介丰富性理论：自己就是最好的媒介

媒介丰富性理论告诉我们，同样的内容，经由不同的媒介传播，可能会产生不同的效果。本来是一份正式的重要通知，如果只是通过一条短消息很随意地表达，甚至直接随口一说，那么整个内容的效力就会大打折扣。要想把内容传递好，离不开合适的媒介，而当我们需要呈现越来越多的内容时，也需要借助与之相匹配的各种媒介。因此，我们需要丰富的媒介。这个理论看起来不复杂，但要真正理解并不容易，要把握以下五点：

一是别让丰富性形同虚设。借助媒介丰富性理论可以发现，公司与成员之间的连接方式非常丰富，有制度、邮件、内刊平台、社交网络、日常会、经营会、年会等，甚至产品本身也是，但是千万不要忘了，这些连接方式必须要有其存在的意义。

不要让这些媒介形同虚设，特别要注意的是，不要忽略这些媒介真正需要匹配的内容而随意安排。例如，重要通知用朋友圈传达，经营大会上讨论的都是一些很日常的琐碎话题，切不到经营的重点。这样的话，这些丰富的媒介就被浪费掉了，还会导致媒介越丰富，成本越高。相反，如果每种媒介都在发挥相应的价值，丰富性的意义就有了。

二是要重视媒介。之所以要重视媒介，是因为媒介的力量非同小可。同样的内容，经过书面、音频、视频等不同媒介的传播，就会出现不同的效果，这的确是媒介的魅力。一个有价值的媒介，会使内容得到升华，带动内容的价值和影响力上一个台阶。

当然，这里的媒介是广义的媒介，包括媒体、渠道等，其实是连接我们与目的地的重要纽带。对于销售来说，就是销售渠道；对于信息来说，就是媒体介质；对于上班族来说，就是交通工具。离开了这些媒介，我们其实是寸步难行的。媒介在帮助我们照亮目的地，也在帮助我们驶向目的地。脱离了媒介，企业和顾客、我们和目的地之间就只能隔空相望。

三是要门当户对。媒介有很多，接下来的任务就是选择媒介。选择媒介有一个核心标准，那就是门当户对。有的电影放在电影院上映是不赚钱的，可是硬要花大钱登陆院线，结果都不够固定成本的分摊，还不如走网络渠道或发行DVD。有的企业连销售网络都没有，就到全国卫星卫视打广告，结果广告费全部打水漂，还不如在自己有销售渠道的县城频道做个小广告，或者在有自己店面的网络商城做广告。门当户对的意义在于避免浪费，毕竟我们的资源是有限的。

四是别忘了人是最丰富的媒介。说了这么多媒介，其实我们不能忽略一个自带丰富性的媒介：人。人类有思想，还有五官和四肢，在表达思想时有眼神、动作、语言、文字等方式，所以我们实际上拥有丰富的媒介来帮助自己做传播。说到底，任何媒介都要和人打交道，因为我们自身的丰富性，也让我们的思想有机会借助各种各样的形式来表达出魅力。

五是要回归内容。媒介很重要，媒介的丰富性也很重要，但是任何媒介都无法取代内容。换言之，如果我们不在自身的品质上下足功夫，夯实基础，媒介再巧，都难为“无米之炊”。所以，一定是自身品质和媒介都好，才能呈现良好的效果。

第四篇 管好自己，自然生长

我从不对故事的结局失去信心，我从不怀疑我可以出来，而且会最终成功。回忆起来，这都要归功于我在人生的关键时刻不会出卖自己。

——吉姆·柯林斯

每个人和企业都渴望成长，虽然成长有各种各样的影响因素，但是说到底，最终都取决于自己的努力和行动。不会有任何人可以代替我们成长，更不会有任何人可以代替我们付出。不论是企业还是个人，自己就是自己的管理者。

学习和理解理论就是一个让自己不断被理论同化的过程。由于这些理论是正向的理论，是可以引导人们积极成长的理论，所以会帮助我们在失落中找到希望，在迷茫中找到方向，在不安中找到定力，在繁华的世界中找到自己的位置，在心情烦乱和心高气傲时回归平静，而这一切的改变会让我们更加坚定自己、勇往直前，最终会让我们自己和身边的一切变得更加美好，这就是有价值的成长。

演化理论：万物生长

演化理论认为，企业是长大的。这句话听起来和没说一样，但事实上，这简单的几个字蕴含着生命的规律。一个关键词是长，一个关键词是大，大企业、大人，都是一点点长大的。对于我们的生命之路来讲，有以下几个重要的指引：

首先，看增量而不是看体量。不论是对于企业还是个人，重点不是看体量，而是看增量，因为从本质上讲，体量是由增量构成的。对于一个真正有规模的企业来讲，重点一定不是达到多少亿的目标，而是分析下一年要增长多少，这个增长怎么来实现。如果可以保证增长，规模就一定能够壮大。因此，不做增量，就没有体量。

其次，时候还不到，就长不出来。人和企业的成长都是有节奏的，拔苗助长是违背自然规律的。

有的企业刚开始创业就想和那些大企业一样，拥有健全的组织体系、成熟的制度和文化。如果真的这样做，要么做不成，要么表面上做成了但元气大伤，因为小企业的内部资源还不够做支撑。要知道，制度和文化都是一点一点长起来的。有些制度在企业只有三五个员工的时候是无法形成的，等到企业有三五十人的时候才形成，而等企业员工增加到三五百人的时候，又形成了另外的制度。文化更是如此，三五个人有三五个人的工作方式，三五百人有三五百人的工作方式，这就是成长。时候还不到，有些成果就结不出来，这是成长的规律，如果违背，就会结出恶果。

再次，做比不做强，长比不长强。千万别因为一下子长不大就不努力生长了，千万别因为一下子做不到一千亿就放弃努力了，千万别因为自己不知道怎么去做就不去做了，更不要因为自己害怕做错、害怕出丑就不想成长了，如果这样，就一定不会长大。

但凡做成功的，都是先去做，在做的过程中一点一点修正。我们做第一步的时候实际上无法预知第十步的样子，只有迈出第一步，并且走到第九步的时候，才能知道第十步的样子。有些商业机会只有在第九步时才能浮现出来，这就是为什么有些企业可以捕捉到一些机会，而有些企业却总是发现不了。

因此，很多企业家在三十年前根本想象不到自己会成为今天的样子，很多优秀企业在三十年前也看不到今天的样子，所能做的只是去行动，并且持续成长。我们从现在看未来，也是同样的道理。

最后，万物生长。任何事物都遵循演化规律，人是这样，企业是这样，行业也是这样。很多企业看一个行业不大就不去做了，觉得不值得去做，可是，行业也是一点一点长大的，很多领先者都是跟着行业一起成长的。

因此，关键在于成长性，只要按照生长的规律一点一点在长，就可能长成参天大树。不论是投资人还是经营者，在看企业的时候都要放眼长远，关注企业的增量而不是当下的体量。

角色理论：演绎精彩人生

角色理论告诉我们，角色实际上代表着一些行为标准，每个角色都有角色行为。角色这个词我们听得很多，但其实是比较难理解的概念，或者说，我们对角色的认识还比较浅。要理解并扮演好角色，需要有以下四点意识：

一是要意识到人是一个角色集。如果说组织是一个心愿集，承载着各种各样的愿景、任务和目标，那么，人本质上是一个角色集，承载着诸多角色，这是我们必须要接受的事实。有的人说自己很累，不愿意去做这个，不愿意去做那个，可是，只要你是一个存在于社会当中的人，为了生存和成长，就不可能回避自身的角色。

面对同样的现实，我们会发现两种截然不同的结果，一种是不堪重负，另一种是赢者通吃。当然不排除有角色负荷过重的情况，这除了心理承受力的原因外，也有技巧上的操作不当，关键在于没能清晰地划分角色。所以，一定要清楚，在整个角色集里面，每个角色的核心内容和边界是什么。如果没有这个梳理，就容易出现角色冲突和跨界，最后每一个角色都做不好。实际上，不能只怪外界压力大，还要考虑到人为因素，如是不是自己没有梳理清楚，并且没有把控好自己，没有做好每个角色该做的事情。

那些赢者通吃的人，一定是清晰地理清了自己的各种角色，该做什么就做什么，不让自己的各种角色相互干扰，进而让各种角色相互成就。如果做不到这一点，人生的角色集就成了一个满载负担的集合，而不是一场充满精彩的盛宴。

二是要知道人生没有独角戏。不论是在工作中还是在生活中，都不存在独角戏。你是你的主角，同时，你也是别人的配角。所以，在企业中，对于“角色”这两个字，核心意思一定是两个：责任和配合。责任上你是你的主角，配合上你是别人的配角。

其实每个人都在分饰两角，不论是主角还是配角，都有我们发光的机会。在组织中，把自己的事情做好是亮点，配合别人把事情做好同样也能让自己出彩。如果每个人都有这种意识，就可以彼此支持和成就，每个人的力量就会变得很大，组织的集合力量也会更加强大。红花需要绿叶配，事实上红花也在配合绿叶发光，这就是角色间配合的魅力。

三是一定要进入角色。其实人的空虚、迷茫以及无价值感正是因为无法进入人生的各个角色。甚至很多时候，我们看似身处其中，其实却游离在角色之外。要充实自己的人生，就要让自己真正进入角色。可以通过以下四步进入角色：

第一步是想象。通过观察和思考，想象一个角色应该是什么样的，其行为标准是什么。第二步是体验。用行动去感受一个真实而非理想或空想的角色，去体会一个角色的酸甜苦辣、喜怒哀乐，进而修正自己的原始想象，发现真正的角色责任、要求、边界和成就感。第三步是扮演。按照自己所找到的角色的真实要求，按部就班地扮演好这个角色。第四步是内化。也就是把角色行为变成习惯，对于这个角色，自己不再是扮演，也不再需要任何拿捏，真实的自己已经和角色融为一体。

如果对每个角色都可以做到这样，其实也就不存在陷入某个角色不能自拔的情形了，反而可以自由地穿梭在各个角色之间。并且这个时候，你的一言一行已经可以告诉别人，这个角色就该是这样的。不论是生活中的各种角色，还是工作角色中嵌套的各种角色，我们都需要用这四步不断让自己真正进入角色，演出精彩人生。

四是要争做角色榜样。既然在这个角色中，就要义不容辞地把这个角色扮演好。我们的真正价值在于成为角色榜样。如果你是一位老师，就要做一位好的老师；如果是一位父亲，就做一位好的父亲；如果是一位技术人员，就做一位好的技术人员；等等。当用这样的角色认知不断告诫自己时，自己的角色就一定会发光，并且散发的都是正向光芒，给那些身处迷茫的人以希望。

最后，认识了这些就会发现，角色显然不是那么简单，而是需要我们花时间认知和修炼。

伦理理论：伦理是用来审视自己的

“伦理”这个词我们听得很多，所谓伦理理论，其实是在告诫我们，在做决策时别忘了考虑伦理的因素。也就是说，一件事情到底对还是不对，应该做还是不应该做，做得好还是不好，得融入伦理因素考虑。对于伦理的认知和实践，需要注意以下四点：

一是找平衡点。如果不考虑伦理问题，我们就会发现，很多事情会被做绝，如企业会成为绝对的赚钱机构，而不会在意对环境和道德的破坏。这的确是伦理应该挺身而出的地方，不过也是带来矛盾的地方。矛盾点在于，如果企业不应该只追求赚钱，那是否应该绝对符合伦理呢？我们不直接回答，而是换一种方式给出答案，即从矛盾点转为平衡点。道理很简单，如果一个人做公益做到自己破产，结果又需要靠别人的救济来生活，那么这种为了公益而公益的做法反而破坏了公益，不值得提倡。企业赢利也是一个道理，企业的决策准则永远是利己利人，要在自己赢利的同时保证顾客的价值得到尊重和实现。倾家荡产做公益和唯利是图做企业，这两种行为都是需要警醒的。

二是别滥用伦理。要慎用伦理标准，不要把伦理的“帽子”强行往别人头上扣。要避免站在道德的制高点去审判别人，尤其是在自己都还没有去做，或者做不到甚至不愿意去做的情况下。“己所不欲，勿施于人”就是这个道理。例如，有人捐钱去做好事，事实上别人只要做了就好，我们没有太大必要去指责别人的捐款数额是否达到了自己心中的标准，因为伦理没有数量指标。

在这一点上，要学会平衡，利人利己，还要正人正己，先给自己提要求。例如，在公司中，当老板去指责身边的人没有穿工装的时候，要先看看自己有没有穿，或许，类似的伦理标准就是自己带头破坏的。伦理更多是一份责任而不是一种权力，是用来承担的，而不是拿来支配的，更不是拿来滥用的。

三是合法性。不论是在理论还是实践中，伦理最看不惯的就是功利主义。但是反过来，功利主义可能还会觉得伦理碍手碍脚。其实，对于功利主义应该给予恰当的认知，还是运用平衡的思维，一定不能把事情做绝。马基雅维利主义为了实现目标不择手段，看起来是典型的功利主义做法。不过，组织和人要在挑战中生存和发展，必须要实现目标。所以，从生存的角度来讲，也不能否定这种做法，但是必须有合法性做前提，不然出了问题谁也保护不了自己，注定会“翻船”。

四是入乡随俗。伦理问题是一个难题，很重要的原因是“公说公有理、婆说婆有理”。伦理是一个与文化道德相关的话题，并没有全世界普遍适用的标准。同样一种行为在一个地区或国家是符合伦理的，但是在另一个地区或国家或许就不可行。重要的是要打破自己的伦理惯性。所以，除了合法性问题外，还必须了解和适应所进入地区的行为规范。不要理所当然地认为这样是可以的，默认自己的习惯是合理的，更不要拿着过去的习惯去和别人理论，否则就会发现，与其费这么大力气与别人争辩，不如入乡随俗来得痛快。

归根结底，伦理是用来审视自己的行为的，我们更应该在意自己的行为是否正确，是否符合环境中的伦理准则。所以，自己行得正是伦理的最强说服力。

归因理论：这个时代没有怀才不遇

归因理论认为，人们对于成败原因的认知会决定人的行动。成败的因素有很多，如努力、能力、难易、运气等，一个人对这些因素所起的作用的看法会让自己做出相应的行动。

如果认为难度大和运气不好是失败的主要原因，就会倾向于做简单的事情，甚至等待时运。更可怕的是，由于对难度的回避，自身的努力本身会变小。若过分看中时运，自己等待的时间会变得更多。事实上，当时间花在等待而不是努力上时，即便时来运转，自己照旧会和时运无缘。更有意思的现象是，看重时运的人往往总是和时运无缘，相反，不寄托于时运的人反而会赢得时运。

事实上，难易是相对能力来说的。当能力提升的时候，同样的事情难度就变小了。如果从这个角度来看，将难易作为主要原因可能就是一个伪命题，“世上无难事”，归根结底是能力有无提升的问题。

努力、能力、难易、运气四个因素中，前两个是内在因素，后两个是外在因素。内在因素是可以自我控制的，而当可以自我控制的时候，实际上外在因素也就在掌控之中了。这时候我们可以重新定义“内圣外王”，即当内在因素强盛的时候，才能在外部世界成为王者。

努力获得能力，能力让事情变容易。因此，成功者做事看似信手拈来，其实都是厚积薄发。在全球化、信息化、互联网驱动的时代，不要抱怨运气差，因为这个时代已经没有怀才不遇。

意义构建理论：境由心造

意义构建理论提供给我们一种认识世界的方法论，即通过赋予周遭事物以意义，帮助我们建造更好的世界。意义构建看似抽象，其实是可以转化为真实行动的。为此，不妨把握好以下五个要领：

一是让一切都充满意义。我们在认识世界和改造世界之前，需要具备的首要意识是要让身边的一切事物都有意义，而其中的意义是我们可以赋予的，但这恰恰是我们容易忽略的。

作为经营者，要问有没有赋予产品意义；作为管理者，要思考赋予了人什么样的意义。如果没有有意识地赋予产品和人意义，企业的产品和人员在面对顾客时，就有可能无法传递我们所期望的意义。所以，很多时候，不应该去责备产品和人员没有竞争力，或者单纯地羡慕别的企业的产品和人员很有竞争力，而是应该自问，我们是否赋予了产品和人意义呢？所以，一定不能让重要的事物失去灵魂，必须让其充满意义。只有赋予事物意义，事物才真正拥有生命，才可以成长。

二是不懂就问。事实上，对于一家好的企业或组织而言，任何事物都应该有其充实的意义。对于一个在行业内像白纸一样的新人来说，要学会去询问事物的意义是什么。这样在了解事物意义的同时，也可以丰富自己的意义。所以，不要不好意思去问，一幅美好图画的背后一定有着精雕细琢的设计、意图和努力，这种背后的灵魂才是驱动事物变得美好的根本，也是我们需要去学习和进一步创造的意义。

三是要有共识。在组织中，对于同一个事物大家要有相同的意义构建。在构建意义的过程中可以容许多元、差异的存在，这样会让意义更丰富，但最终需要达成共识。对于公司的重大事项，如公司的发展方向、公司的常用语言，大家都要有共同的语境。

例如，老板谈的事业部结构一定要和成员谈的事业部结构是一个意思。如果老板在讲事业部的时候只想到规模的增长，其实就没有和事业部的成员处在同一个语境里。因为事业部成员赋予事业部的真实意义是拥有一份事业，是期待在事业部中大有作为。所以，公司上下级之间必须要找到共同的语境，否则很有可能得不到真实的结果。

四是要讲故事。把事物快速弄清楚，或者说快速赋予事物意义的一个最便捷的通道就是讲故事。

例如，一家企业很想让大家知道其产品质量过硬，于是就讲了一个故事：一名生产人员因为产品质量问题被扣除了年终奖，年底跑到厂长家里闹事。厂长拿着菜刀放在了自己的脖子上说，要杀要剐随你便，但决不对质量问题做任何退让。这个故事让大家一下子明白了产品质量就是生命，甚至比生命更重要。

又如，一家大企业很想让大家知道自己的处境并不是那么理想，于是开始讲大鱼吃小鱼的故事：原来公司有很多小鱼可以吃，但今天很多没被吃掉的小鱼已经长大了，自己都有被反咬一口的可能。这个故事一下子就让所有人明白不应该再安于现状了。

再如，一些公司为了宣传企业文化编写了很多内容，大家看得眼花缭乱，但如果一家公司讲狼的生存故事，大家很快就会知道公司文化是在讲敏锐、奋斗以及合作。

因此，讲故事是赋予意义的一种极为快速高效的方式。也许这个故事本身不是事实，甚至是杜撰的，但是故事却反映了事物的真实意义。所以，故事是不是编的不重要，重要的是讲一个好故事。好故事的标准就是可以让人更加积极向上、活得更好。

五是要建立愿景。在赋予周围事物意义的同时，不要忘了为未来创造意义，并且要在未来还没有到来之前事先赋予意义，这就是愿景。我们只有定义出这个愿景，并且按照愿景往当下倒推，才能知道接下来到底该怎么走，才能让每一步都有意义。

最后要知道，赋予世界意义并不是唯心主义，因为这项构建意义的工作本身就是一种实实在在的努力，是我们认识世界和创造美好未来的一部分基础工作。

自我意识理论：成长从认识自己开始

自我意识理论告诉我们，认清自己会增加成长的动力。在成长的道路上，如果一个人不能清楚地认识自己，就有可能浑浑噩噩，虚度年华，在不知不觉中浪费掉成长的动能。要形成有利于成长的自我意识，需要把握好以下三个方面：

一是认知内容。我们认识自己，主要有三项认识内容，即个性、价值观以及能力。个性是我们自己的特质；价值观是我们对于事物的认知；能力包括专业技能、人际关系以及洞察能力三个内容。

二是找到差距。事实上，我们只要知道认识自己需要大致看哪些方面的内容就可以了，真正重要的并不是这些内容本身，而是我们认识自己的目的和方法论。我们认识自己，目的是为了改善和提升自己，让自己成长，而方法论就是找出差距并弥补差距。

那么，差距在哪里？如何找到差距？方法就是做两次自我认知，一次是认识现在的自己，另一次是认识未来的自己，弄清楚未来的自己需要什么样的个性、价值观以及能力。认识了未来的自己就会清楚自己和未来的差距，这个差距就是自我成长的方向和动力。

三是会做匹配。在认识未来的自己或者理想中的自己时，一些人常常不知道未来要成为什么样子，因为未来似乎无边界。这里有一个可以帮助我们框定边界的方法，就是与环境做匹配。也就是说，我们的生存和成长环境是我们的边界和约束条件，能否与这个环境匹配就是我们能否清晰地认识未来的自己的核心步骤。

生长环境可能是学校、企业、地区、产业链条、生态系统等，我们要成长，必须在环境中确认自己成长所需要的个性、价值观以及能力，借助这三项内容架构未来的自己。其中的匹配又有两种：一种是一致性匹配，也就是让自己和环境保持一致，主要是个性和价值观。所以，一定要找到可以融入环境的品性和认知，让自己和环境达成共识。另一种是互补性匹配，也就是找到环境中缺什么，然后自己去补上这个部分，在内容上针对的就是能力。

事实上，人是这样，企业也是同样的道理。要认识到自己的个性、价值观和能力，同时还要看到未来的自己，知道要用什么样的性格和价值观与环境融合，知道环境需要什么样的能力。当企业可以表现出这样的秉性、观念以及能力时，才是找到了真正的自己，这样的企业才能在环境中成长。

认识自己的个性、价值观和能力本身都不是目的，真正的目的是改变自己的个性、价值观和能力，以此来填补与环境匹配的差距。换言之，如果只是懂得认识现在的自己，而不懂得从成长的角度重新定义自己，就失去了自我认知的真实意义，而这种静态的成长观念恰恰是自己成长放缓的原因。

因此，一个人的自我感觉再好，如果意识不到与环境相匹配的个性、价值观和能力，意识不到自身的差距，就是空有自我感觉，而没有自我意识。这种感觉即便再好，都难以带来成长。由此可见，自我意识从本质上看的是差距，并且要把意识转化为行动，这才是形成自我意识的意义。

自我决定理论：探寻自我成长的路径

自我决定理论认为，一个人成长或者取得成就的根源是自己。成就由自我来决定，对这句话的理解分三个层次。

第一层是我们的成就由外部决定还是由内部决定？对这个问题的不同认知会带来不同的行动。如果认为根源在外部，就有可能把更多精力放在对外部因素的寻找上；如果认为根源在内部，就会把更多精力放在自身提高上。当然，两者都不可或缺，但根源还是在内部。这是我们首先要确立的一个价值观。

第二层成就由我们自己来决定，是不是意味着我们就可以直接做选择和决定了？答案没有那么简单，这个问题提示我们要弄清楚自我决定的前提是什么。其实，很多事情并不是我们一上来就可以任由自己选择和决定的，否则就是对自我决定的一种误读或误解。

尽管我们有很多想做的事情，但最开始我们往往要先适应外部的需要，不能完全按照自己的理想设定去走，因为自己得先活下来，不然哪有力气去选择，拿什么去选择。所以，也许我们会在选择上做出一些妥协和让步，牺牲掉最理想的选择，但这种选择才是我们做出的真实有效的选择，才是可以实现理想的选择。

第三层才是真正的自我决定。当我们坚信可以自我决定，同时又具备了做自我决定的前提条件之后，就可以决定自己的路径了。这个路径包含三个要素，即自主选择、胜任力以及合作关系。

在这一点上务必提醒自己，虽然可以做选择了，但选择完以后为了避免自主选择最终落空，一定要配上胜任力，自己要有追求胜任力提升的强大欲望，否则就会只有选择，没有结果。

除此之外，也要意识到，胜任力再强，一个人的力量也是不够的，必须借助合作关系的力量。对于这个部分的追求会让选择的结果事半功倍，也能大幅提升一个人成长和取得成就的概率。

因此，生存目标、自主选择、胜任力、合作关系，就是决定我们成长和取得成就的四个关键要素。明确了这些要素之后，组织实际上会从中发现激励人和培养人的重要线索。人加入组织是要追求成长的，换言之，组织也要关注人在成长道路上需要的这四个元素。

事实上，组织的成就来源于人的成长和成就，要把组织的成就和人的成就结合在一起，这四个要素是不可或缺的。

有效市场理论：在市场中历练自己

有效市场理论启发我们要找一个信号来验证绩效，这个信号正是来自市场，也就是说，要把成果拿到外部市场上去检验。市场可以告诉我们一家公司值多少钱，可以告诉我们自己所做的工作值多少钱。不论是股价、估值，还是薪资、奖金，最终都取决于外部的价值贡献。这个理论提醒我们注意以下两点：

一是要走出去。有效性是由市场来决定的，有多大价值，有多少效用，都要拿到市场上去检验。这个理论对于我们来说不仅是一种检验方法，还应该作为开发自我价值和潜能的思维方式。事实上，市场就是我们潜能开发的大门。不论是企业还是个人，一定不要做温室里的花朵，一定要让自己走到外面，到市场上去锻炼才能，开发自己的生存能力，这是必须迈出去的一步。

二是避免内部浪费。价值是由外部市场来反映的，这意味着，如果我们只关注内部，只从自己的角度看问题，做的很多工作投入可能是无效的，因为没有办法拿到外部市场上去创造价值。所以，顾客是企业的信号灯，病人是医院的信号灯，学生是学校的信号灯，企业、医院、学校的价值都由外部的信号灯说了算。从这个角度来讲，不仅要在意内部成本，更要关注成本的外部价值创造，否则，成本就是浪费，无效性就会出现。

除此之外，还需要在组织管理上理清以下两对看似矛盾的统一体。

一对是短期目标与长期目标。因为要在市场上取得成绩，所以不少人以为企业的短期目标和长期目标存在矛盾，甚至会急功近利，为了短期目标而牺牲长期目标。出现这种问题的原因在于目标设定的方法有问题。事实上，在设定目标时应该兼顾短期目标与长期目标。解决之道是从战略到计划让目标逐步呈现，在战略的部分梳理清楚公司的使命和愿景，这就是公司的长期目标；而所谓的短期目标，不过是实现这个长期目标的过程中的一个个小目标。如果对这些进行了预设，短期目标和长期目标就不会有矛盾。

另外一对是业务人员和非业务人员。业务人员是面向市场的，当然可以直接用市场标准来判断，但是非业务人员不直接面向市场，所以非业务人员心里会有些不平衡，因为自己的价值不容易被看见。这的确是在现实中困扰企业的地方，但事实上两者并不矛盾，因为两者在统一为外部顾客服务，所以在对非业务人员的价值肯定上，企业需要擦亮眼睛，看到其与市场的关联。如对生产人员，我们可以通过客服来看顾客反馈，如果顾客都说某一个产品或部件有问题，责任可能就要追溯到生产人员；对财务人员，我们可以看外部的审计评价。越是这些价值不容易显现的部门，企业越要留意和肯定这些人员的外部价值彰显。否则，不论是工作积极性还是工作品质都会受到影响。

总之，不论身在哪个岗位上，都要找到自己与市场的关系，或直接贡献，或间接贡献。缺失了这样的贡献，自己的有效性和价值就会下降。在市场经济当中立足，一定要具备有效市场的思维方式，驱动自己在市场中创造有效的价值。

工作特性理论：成为一名工作者

工作特性理论认为，我们对于工作本身的假定或者认知是可以影响我们的工作成绩的。这意味着，要产生工作成绩，得对工作有恰当的认知和设计。

首先，要树立工作意识。之所以要提这一点，是因为很多人虽然在工作，但未必有工作意识，而工作意识如果不自己主动树立，是不会有的。一些有能力工作的人不工作却“啃老”，一些人工作时心不在焉，一些人不知道珍惜自己的工作，一些人在工作状态中依然像是在生活状态中一样随意，这些都是没有工作意识的表现。

其次，要重新定义找工作。很多人喜欢在工作上挑来挑去，其实都忽略了一点，从本质上来说，不是你找工作，而是工作挑你。如果这样来理解的话，我们就会从工作的角度来改变自己，最终变成工作所喜欢的样子。很多时候，我们会发现一些重要的工作常常会被交给其他几个人，“绣球”好像总是掉不到自己身上，原因一定在于自己的胜任力和成长欲还不够。因此，要明确，工作是会挑人的。

再次，要重新定义工作福利。我们以往认为工作福利往往是一些工作上的恩惠，用来补偿大家的辛苦，如休息时间、热水茶点或是一些休闲活动。事实上，这些“利”对人们是有好处的，也不可或缺，但未必是“福”，因为这些都是工作之外的东西，而我们的工作幸福感实际上是来自工作本身。因此，可以把这部分我们习以为常的福利称为事前福利或者工作外的福利，真正让人感触最大的福利应该是工作本身。当人们做完工作之后发现了意想不到的收获，这才是真正的福利。

有人认为记录员的工作很枯燥，但到底是不是这样，取决于我们做了什么样的记录工作。记录本身可能是一份枯燥的工作，但是当用大脑对内容进行加工和学习之后，工作的福利就会被创造出来。所以，有些记录人员越做越郁闷，不断抱怨工作；有些记录人员却越做越带劲，并且可以从一名内容记录人员变成一位内容应用人员。

事实上，任何工作本身都隐藏着巨大的福利，就看我们有没有意识去开发。这是工作具有的非常特别的一个福利特性，但这个特性往往是隐藏的，需要我们预先设定，或者努力把这种特性挖掘出来。

最后，要渐渐爱上工作。其实我们必须接受一个现实，那就是很少有人能一上来就找到真爱。那些长相厮守的，往往是在相处的过程中不断发现彼此的美，才让美好的感觉越来越多，越来越持久。工作伴随我们大半生，也有这样的特性。所以，我们得增加与工作的互动，互动的方式是持续反馈和改善，这样就能更好地融为一体。很多时候我们讲工作与人的匹配，但不得不说，这个匹配也有一个磨合的过程。只要我们愿意去磨合，愿意去听听工作反馈的心声，并且从中发现意想不到的美好，就一定会找到工作与人相契合的美好状态，而这个状态将释放出极大的力量来支持我们的生活。

基层人员的权力理论：聚焦服务顾客的专业水平

基层人员的权力理论把权力的焦点放在了基层人员身上，让我们知道基层人员的权力来源于哪里。公司有使命、愿景、定位和目标，基层人员则承担着最为基础的职责，履行职责一定需要权力，这就要清楚权力从哪里来。

一是顾客。这是比较容易忽略的一点，但确实是基层人员最大的砝码。在企业当中，谁靠近顾客，谁就应该拥有更多权力。因为贴近顾客的人实际上承担着最大的风险，企业是间接责任人，贴近顾客的人员是直接责任人。顾客对于企业的认知并不是通过企业来认识的，而是通过和企业接触的界面认识的，而界面无非是一线人员和产品。顾客是接受还是淘汰企业，取决于界面给予的感受。因此，责任在一线人员和产品那里。产品自然不用说，需要配置良好的设计、材质和工艺，同样，一线人员也是如此，也需要配置资源和权力来服务顾客。

从根本上讲，基层人员并没有享受这些权力，而是把这些权力用在了顾客身上。所以，企业在给予基层人员权力时不应该吝啬。如果一个企业对基层人员不够好，实际上就是对顾客不够好。一个只说对顾客好而实际上并没有把权力给予一线人员的企业就是在开空头支票，因为顾客是权力流向的地方，而要流到顾客手里，必须经过一线人员。

二是专业技能。一定不能忘记，这是基层人员的安身立命之本。洞察能力、战略能力这些是高层人员的核心能力，当然，不是说基层人员不能拥有这些能力，但关键在于在基层最容易发挥效力的是专业技能。

因此，在基层人员当中，谁拥有更加扎实的专业知识和技能，谁就更容易获得权力。因为企业把权力交给这样的人更放心。例如，同样是贴近顾客的一线人员，谁有更专业的服务能力，权力就会给谁，否则权力就会被浪费，权力运用的效率就会下降。

三是努力。没有人一开始就拥有绝佳的专业技能，尤其是对于新人来讲，所以如果暂时展现不出好的专业技能，就一定要展现出努力来。一个新人如果非常努力上进，就会赢得身边人的关注、欣赏和支持，就一定会有人来帮助其成长。所以千万不能因为能力不足而不去努力，否则只会造成恶性循环。

四是人缘。高层人员需要发挥更多的战略能力，基层人员需要发挥更多的技术能力，但是人际关系能力对于任何人来说都是必要的。但是不能神话这种能力，因为这种能力并不能脱离战略能力和技术能力而存在，我们总要拥有更实在的战略能力和技术能力才可以。

当然，拥有不错的人缘也会是一个加分项，因为有时候好人缘会帮助自己调动更多的人一起更高效地解决顾客的问题。得罪人是一堵墙，尊重人是一扇窗。人人都有自尊，这也意味着应该给同伴尊重，而不是去伤害。把墙拆开，把窗打开，就有通路。

五是靠山。找到靠山，权力就会显得大一些，这和一个人的站位有关系，通常的理解往往是权力靠山，如某位高层的助理或者司机在一些人看来会有点与众不同。找靠山并没有错，但是权力靠山的观念就非常传统了。用现代的观点来看，要找靠山的话也要站在顾客身边，这就又回到了权力最初的来源。可是当我们真正走到顾客身边的时候就会发现，大家谁都没有靠山，靠的都是自己的真才实学。找来找去才发现，自己才是自己的靠山。

总之，一个围绕顾客价值努力积累知识和技能并愿意合作的人才能赢取权力。说到底，还是看谁做得好，人得靠自己。

知识创造理论：做到知行合一

知识创造理论把知识作为价值创造的源泉。知识能不能创造价值，取决于我们怎样来对待知识。

首先，要信仰知识。要让知识产生力量，前提是把知识当成一种信仰，相信知识的力量。如果一个人或者企业从来都不相信知识的力量，不认为知识可以给我们的命运带来改变，不认为知识可以帮助我们改造世界，就一定没有办法用知识创造价值。因为自己并没有对知识敞开大门，并没有对知识拥有信心，并没有学习知识的强烈欲望，这样知识的力量就发挥不出来。因此，知识创造价值的前提是对知识有一颗敬畏心，要确信知识的力量。管理的知识能不能对企业创造价值，也取决于企业是否真正相信管理知识。

其次，实践出真知。要创造价值，知识必须是真知，而真知必须来源于实践。所以，要得到真正的知识，我们需要用行动不断去修正和更新知识。换句话说，知识是动态存在的，是不断被验证和发展的。因此，我们从书本上看到的知识，从优秀者身上看到的知识，都必须经过自己的行动去验证和修正，才能成为真正的知识。

再次，让组织成为一个知识系统。当知识放在组织当中的时候，就需要成为一种共识。这时公司的价值观、愿景、目标、计划、结构全部都是知识，但是必须要自上而下得到传递或分解，实现上下同欲。在组织当中，知识转化为共识才能成为组织的力量。

因此，很多知识只有老板知道是没有用的，同样，只有工作人员知道也是没有用的，知识必须成为双方对话的内容，成为双方的共同语境，才能减少内部损耗，同时创造出共识带来的协同力量。

最后，要增加新知识。知识要能够持续创造价值，不仅要看存量，其还要看增量，要看知识的迭代与更新。学无止境，对于我们来说，知识不仅仅应是真知，还应是新知。只要世界在变化，环境在变化，知识要创造价值，就得时刻保持更新。

如果知识不更新，随着时代的进步，原有的存量知识就会逐渐过期。当然，有些经典知识看似没有变，但是我们对其的认知发生了变化，经过与时俱进的解读，这些知识实际上已经变成新知了。

因此，要打开自己的知识边界，让知识无边界，要有系统学习和持续学习的胸怀与动力，从而产生更大的力量来驾驭知识。“苟日新，日日新，又日新”，只有依靠持续新鲜的知识，才能创造日新月异的变化。如果不能不断增加新知识，就一定会发现，自己的知识很快就不够用了，时间一长，甚至会在时代当中掉队。“智”字从结构上来看，就是每天都知道一点，如果可以坚持这样，让知识与日俱增，就是一个与时俱进的智者了。

总之，我们要让知识创造价值，就要让知识成为一种信仰、一种真知、一种共识、一种新知。再配上行动，知行合一，价值就会被创造出来。

创新扩散理论：训练自己的创造力

创新扩散理论认为，创新在组织当中的形成和扩散需要一个过程。这里的创新更多是指某种新做法，而扩散则是指这种做法逐渐被组织中越来越多的人使用。既然称为“扩散”，这件事就急不得，可以分四步走。

第一步，明确需求。先明确需要什么样的创新。大学科研和企业研发机构常做的事情就是先立项，明确创新的目标，而不是盲目创新，大海捞针。但这里需要注意的是，创新的主题必须是从市场或顾客的角度提出的，否则创新就不能对生存和发展做出实质性的贡献。换言之，所有立项的创新项目必须是市场导向的，这在技术创新当中尤其需要注意。

第二步，价值匹配。明确了创新目标和需求之后，就要选择合适的创新方案与之匹配。有些方案虽然很新，但是未必适合自己。一旦选择了不适合自己的创新方案，并且在组织内部加以推广，就会发现越来越不对路，造成巨大的人员和资源浪费。

第三步，创新转化。创新，不论是作为某种做法还是一种产品，本质上承载的是知识，而知识必须经过转化才能变成自己的东西。所以，先明确了需要，探索到了有价值的创新，之后必须转化为可以指导自己行动的可操作语言。不要奉行拿来主义，有效的知识不是靠拿就能拿得到的，必须要扎根于自己的领地，让知识在自己的应用场景中生根发芽。

第四步，适度推广。事实上，创新在内部的扩散是一个新的循环，需要进一步去考虑这种新方法谁需要、谁适合，而当具体给这个人的时候，这个人还必须转化为自己的方法论，这时才完成了一次有效的创新扩散。所以，未必要扩散到每一个人，也未必每一个人都能吸收到，要遵循创新扩散的规律。

这四步看似有些抽象，但却真实地发生在每一个人身上。如果缺失了这些，我们就很难做出创新的行动，很难表现出有效的创造力。

我们每一个人在企业当中进行创新，不是“无厘头”式地展示想象力，而是首先要有创新的目标，自己的想象力必须聚焦于客户价值。其次，在聚焦客户价值的基础上，还需要增加一条约束线，即企业的利润，只有既能创造客户价值又能保证自身利润的创新方案才是有效的方案。再次，要把创新方案转变为行动方案，让创新方案真正可以落地执行。最后，要举一反三，总结这次创新实践中的规律，并思考如何在未来继续应用和创新这些规律。

这就是逐步锻炼自己创新能力的方法，很多新人刚到公司时不知道创新从何入手，甚至由于一时无法创新便失去创新的信心。其实大可不必，创新是训练出来的，也是渐渐出现的，我们需要了解其背后的生成逻辑。

不妨多看一些公司内部创新的案例，背后一定有顾客价值的创造和公司利润的获得，然后去看看案例中有哪些关键的要素和行动方案在支撑这样的结果。找到答案之后，再忘记答案，去思考有没有更好的方案能创造出更高的顾客价值和利润，或者回到自己的现实问题当中，看看哪些规律可以用上，再思考还需要哪些新的关键点，最终找到更有效的创新方案。

计划行为理论：用行动把埋在心里的好意变为现实

计划行为理论并不是让我们去关注计划，而是要关注行为，也就是说，一个人的行为其实都是蓄谋已久的，都是计划好了的。这对我们认识一个人的行为有很大帮助。例如，一个人提出离职，其实很可能已经想了不是一天两天了，这并不是一个临时的决定。这提醒我们在企业管理和生活中要注意三件事情。

一是要留意细节。要留心观察一个人在细节中透露出的意图。员工提出离职看似很突然，可是如果我们细心观察的话，也许三个月之前就已经留下了蛛丝马迹。例如，这个员工的邮件回复原来很积极，但是近来却开始变得迟缓；

这个员工原来很愿意在朋友圈里分享公司的消息，但是最近却很少这样做了。如果留心的话，这些现象当中都透露着意图。

事实上，在互联网和大数据时代，不论是工作还是生活，每天都在发生和记录着有意思的故事。其实我们很容易接触到这些故事，但由于故事太多或不够细心，我们往往会忽视其中的微妙变化。当巨大变化发生的时候，好的结果还好，可以称为意外的惊喜；如果是不好的变化，如关键人物的离职，恐怕就会让公司措手不及。所以，看似一声不响，其实是早有预谋，不怪别人，我们还是得多长点心。更准确地说，要对成员多一些关心。

二是要知道人是理性的。一个人不会只要有想法，就一定要去做，或者就会做成。这个人想走，可是去哪儿呢，凭什么去呢？也许只是空有想法，但能力又不够。这和企业做战略、做计划是一个道理，战略和计划本质上只是想法，能否有效实施，还是看有没有能力。这就是计划行为理论有意思的地方，计划更多的是一种意愿，这种意愿到底能不能转化为行为，还得符合现实的能力条件。

因此，作为管理者，有时候别太悲观，不用杞人忧天，因为在一个有理性约束的时代，很少有人可以异想天开并且为所欲为。如果一个人总是用冲动的方式做事，那么只能让他想走就走好了。当然，如果这个人真的有想法又有能力，就先竭尽全力去留人；如果自己实在没有办法满足这个人的需要，那就让这个人走好了。因为留也留不住了，倒不如给别人一片更广阔的天空，去成就别人。但也注意别把话说得太绝对，若这个人真的很优秀，并且如果哪一天愿意回来，公司依旧要向其敞开大门。

三是要成就人。一定不要去毁人，不要去泯灭人的希望，而要积极地引导别人成长，帮助人成就大业。作为管理者，要走进成员的内心世界，得知道这个人对于工作的积极想法，对于家庭的想法，甚至对于人生的理想和抱负。洞察到这些之后，再看要实现这些需要管理者和成员怎么配合，需要成员做些什么，需要管理者支持些什么。这个时候，好的想法就有可能转变为真实的行动。

总之，是彼此的关心和支持使双方相互成就。通过成就别人来成就自己，说的就是这个道理。如果每个人心中的梦想和好的想法永远埋藏在心里而不能转换为现实，那么对一个人的创造力和潜能来说将是莫大的浪费。

期望理论：不断给自己打气

期望理论告诉我们，期望是一种动力。当我们很想成为一名优秀的人时，就会有很大的动力去学习和工作。相反，如果我们不对自己抱有任何希望和要求时，也就不会有行动的动力。以下四点有助于我们用好期望这个动力：

一是在正方向上做期望。期望是一种动力，如果我们的期望是正向的，这个动力就会带着我们往正方向前进；相反，如果是负向的，就有可能带着我们进入不好的方向。

正向的意思就是在任何情况下都把事情往好的方向去想，往好的方向去做，这样就很可能会得到好的结果。

二是别总是把期望寄托在别人身上。如果我们总是把期望寄托在别人身上，自己行动的动力就会不足。当然，我们可以相互期望，相互给予对方动力，但更多时候得学会给自己打气。尤其是在一个人的成长初期或者企业的创业阶段，当不被外界看好时，一定要自己看好自己，这个时候自己是唯一可以寄托期望的对象。

三是要明确，期望不是奢望。人可能会有无限的欲望，但不能一味贪婪。放眼当下，期望有可能实现，而奢望就太奢侈、太遥远了。所以，我们所期望的事物或者局面不是无限的想象。例如，当一个人饿着肚子的时候，先不要奢望美餐，先期望吃饱，这样才更加可行。

这意味着，不论是人还是企业，应该先打有把握的仗。如果我们没有任何胜算，只是一味硬冲，最后可能会把命搭上，并且一无所获。当然，是期望还是奢望，取决于我们自己的基础，取决于我们自己当下的实力。例如，有些目标对于实力雄厚的企业是可期的，而对于实力较弱的企业来讲就有些奢侈了。

四是要明确，期望是虚拟的，必须转化为行动。一个人和企业不能总是做期望，不能总是展望未来，要警惕患上妄想症。一定要提醒自己，期望是带来动力而不是带来满足感的。只是想想一定不行，想到了就应该去做，只有这样，期望才能转化为现实。

因此，理论上讲，期望是一种动力，但是更准确地说，期望应该是一种行动。

镜像理论：聚焦心中的自己

镜像理论旨在引导我们在心中给期望的自己画一幅画像，心有明镜，以此照亮自己的未来。当大千世界映入眼帘时，这个画像犹如一片滤镜，过滤掉那些“身外之物”，让我们保留该做的事情。因为对未来的自己的预见，所以才能在未来遇见自己。具体来说，需要认识两点内容。

一是镜像的构成，也就是心有明镜，给自己画像。不论是对于企业还是个人来说，镜像通常要画出三个重要部分。首先是价值观，这是画像的神态，刻画自己的价值观是镜像传神和在未来达到期许状态的基础。其次是战略，也就是以价值观为基础来勾勒自己的轮廓，这就是我们未来想要成为的样子。最后是路径，也就是要成为我们所期许的样子需要走什么样的路径。

因此，价值观、战略、路径画好之后，镜像也就画好了。当然，镜像理论中的自己可以指自己，也可以指自己的企业、团队或顾客，但是画像的这些主要成分不可或缺。换言之，如果这些成分不能清晰地勾勒出来，那就不是一片明镜，还要再画。

二是镜像的作用，也就是用作滤镜，去找对的自己。事实上，我们给自己画好像更重要的帮助是，让我们知道了自己不该是什么样子。尤其是在现代繁华世界，一片明镜之于我们如同定海神针。今天的环境最大的特点就是多元化和充满不确定性，会让大家看到各种各样的机会，这时镜像的作用就凸显出来了。我们必须很冷静地知道，这些机会中的绝大多数可能都不属于我们，其实更多是干扰项。如果我们不能预先清晰地认识自己，就会陷入迷途。对于企业和个人来说，机会目不暇接，可是真把有限的资源和精力拿出来全面开火时，才知道是一种浪费。

因为变化太快，所以今天我们常常讲未来已来，可是我们能否和未来的自己如期而遇，还要看我们是否预见了心中未来的自己。我们应该知道哪些人和客户不属于自己，哪些事情自己不应该去做，哪些时候自己应该发生改变，哪些时候再困难都不应该退缩和妥协。相信这个时候，你心中已经有了画面感。

当然，就像动画片可以由一幅幅画面构成一样，我们的成长也可以由一幅幅画像来见证。只有当我们每一次都很认真地画自己和寻找自己时，才能映射出我们的成长动态。这个时候我们才知道宝贵的时间一直都在和自己的期许相伴，而没有让我们虚度光阴。

人类激励理论：架起自己进步的阶梯

人类激励理论认为，要激励人，得对准人的需要，换句话说，如果切不中需要，激励就会白费成本。这个理论还给我们展示了人的种种需要，从衣食住行，到渴望爱、认可和梦想成真。表面看似简单，但这个理论实际上蕴含了三个深刻的道理。

第一，需要的实现映射着社会的结构。人的需要是分层次逐级增长的，这实质上透露出一个社会现实，即绝大多数人在为了生计而奔波，真正能拥有爱、得到认可并且梦想成真的人是少数，这就是社会的金字塔结构。组织作为一个社会单元，也是如此。

这样的现实没什么不对，因为正是这样的现实驱动着人类的前进，维系着人类社会的发展和稳定。所以，坦然认知和接受，反而可以让自己清楚，只有努力活下来，保证衣食住行，才能更容易地得到爱和认可，而得到认可才能有助于梦想成真。因此，认清社会的现实不是在浇灭梦想，反而是要燃烧梦想，让自己加速前进。对于个人来说，这是金字塔结构，更是我们进步的阶梯。

第二，别人不给我们的，自己要给自己。对于爱、认可以及梦想成真，我们常常渴望别人能够给予我们，但现实是，对于不少人来说，有可能得不到别人的爱、认可和支持。不过这并不意味着我们就不能拥有这个部分了。

人是一个需要综合体，我们有权利同时拥有爱、尊严和梦想，而这个部分只要愿意，我们是可以随时给我们自己的，给了就会有自爱、自尊以及自信，进而会把自己的优势凸显出来。要肯定自己、认可自己，让自己在实现梦想的道路上拥有信心，这才是真正的内驱力或自驱力。所以，我们需要为自己架起进步的阶梯，并且要在进步的道路上不断给予自己爱、尊重和肯定，激励自己前行。

第三，我们面向的是人类，可以把激励规律应用于人类。顾客和员工都是人，都有物质和精神的需要，利用人类的激励规律，我们不仅可以激励员工，也可以激励顾客。我们应该真正尊重每一个人作为人本身的需要。这样，就一定会看到全面的价值，就一定会发现巨大的商业机会。

我们如果拥有这样的认知和行动，就是在体会和践行人类激励的运行规律，人类社会就会充满富足、爱、尊重和价值实现。

员工激励理论：保持追求卓越的激情

员工激励理论的重心是激励员工，包括两种手段，一是工资，二是工作，用工资解决情绪的问题，用工作解决热情的问题。

对于员工来说，工资是维持生计的，如果工资不能维持一个人的基本生计，负面情绪就会出现。这种负面情绪会延伸到工作上，从而拉低工作绩效。要减少一个人在工作中的负面情绪，工资就不能太低，但是到底应该高到什么程度，标准就是要让一个人可以吃饱穿暖，可以保健。所以，工资只是不能太低而已。

我们对于工资的一个片面理解在于，总是认为工资应该和工作绩效水平挂钩。当然，要工作才有工资，不过人们对于工资高低的感受往往来源于和生活水平的对照，而不是来源于和工作绩效水平的对照。实质上，工资应该和基本的生活保障挂钩。工资一旦让生活得不到保障，人们就很自然地会发牢骚，抱怨工资低。同样的工作，生活消费水平更高的地区的工资水平可能要相应地高一些，这样人们才能保证基本生活，才能在工作中展现价值。这是人们出差和公司选址或搬迁时都要考虑到的问题。

因此，激励员工的第一个因素就是用工资保障基本的生活水平。工资，包括一些基本的福利补贴在内，都是在贴补人们的基本生活。如果这个部分出现问题，人就会闹情绪。也就是说，平复情绪最简单的办法就是涨工资。

而涨工资的基本标准就是物价，若维持基本生活的物价上涨，工资可能就要跟着上涨。这也是公司一定要努力争取业绩的原因，否则，就可能让大家吃不上饭。

涨工资可以平复情绪，但是不代表可以催生工作热情。工资是保健品，但不是药品，并不能从根本上解决工作的问题。要激发工作热情，还要看工作本身，要看工作能够产生多大的绩效空间、工作本身的丰富性如何、工作包含哪些展现自我的机会和成长机会。如果工作热情被束缚，很可能是因为工作绩效空间受限。由工作绩效空间带来的真实回报才是人们工作最想得到的部分，不论是物质奖励还是精神奖励。

因此，和工作相关的绩效空间才是真正的激励因素，但前提是必须要给人保证基本生活的工资。

很多企业把工资和绩效挂起钩来，可是绩效本身是比较容易波动的，这就导致人们拿到手的工资也是波动的，这种波动会直接反映在自己的生活质量上，即时好时坏，非常不稳定。缺失了基本的安全感，人们的内心会变得非常焦虑不安。与此相反，有些企业的绩效奖励虽然比较稳固和平均，这样会让大家的情绪稳定，但不会激发工作热情，因为这个时候实际上全部收入都变成了工资，大家只会拿高工资去享受生活，最后吃不消的一定是企业。

每当和已经毕业的学生聊起工资的话题时，笔者总是禁不住去问学生公司年终奖的范围、如何拿到最高值、公司有没有给予轮岗的机会、他们从各个岗位上学习到了什么、是否知道每个岗位需要的工作内容和配合方式、是否体会到了公司成长到今天的生存法则等一系列问题。而与这一系列问题相关的答案才是工作的真正回报，且工作的回报要远远大于工资。我们不要把眼界和注意力全部放在工资上，就把工资当作生活费，勤俭节约，够用就好。

要想富足，工资一定无法给予，必须回到工作本身。

如果一个人把所有的注意力都投放在工资上，就可能会感觉工资很少，以为这就代表了公司给予的全部。事实上，这只是冰山一角，一定要意识到冰山下面有大量内容存在，并且需要自己去发掘这些内容。所以，要在职场中成长，注意力需要从工资转向工作。

这样引导还有另一个更直接的原因，即工资不是自己能左右的，自己真正能左右的部分是奖励。涨工资往往是公司整体的事情，工资不会只针对少数人去变动，而一个人年终奖的弹性空间更多可以由自己把握。尽管往往是主管评价，但是评价的内容一定是工作绩效。

因此，并不需要给予工资太高的希望，工作的回报不论是物质奖励和精神奖励，还是知识、生存和成长经验，都能使自己更有价值。唯有这样引导，人的劳动能力才能真正释放出来，人的劳动价值才能真正创造出来，人和公司才能真正获得成长。

人际关系理论：保持简单有效的人际关系

人际关系理论告诉我们，要运用人际关系来创造绩效。人要在社会上生存，免不了要经营人际关系。对于人际关系，我们有必要来重新认识，因为不是所有的人际关系都是有价值的，有价值的人际关系也不是那么容易建立的。

人际关系可以解决三个问题：一是解闷，二是造势，三是进步。

有的时候一个人很苦闷，但是进入一个群体的时候，可以变得快乐。有的时候一个人势单力薄，底气不足，但人多了一起来造势，并且把士气彰显出来，力量就大多了。在整个人际关系系统中，对自己更有意义的是自己要有成长，要借助这个关系系统，让自己得到提升，完成以往做不成的事情。

对于这三个问题，如果我们的人际关系一个都解决不了，就不用去经营这样的人际关系了，否则就是浪费精力。人际关系的确要有用，这也是我们寻找和打造人际关系的目标。

因此，人际关系多了不见得好，要看真实的价值，如果不是解决了问题，反而是增加了问题，让自己更苦恼、更自卑、更退步，就要开始削减这样的人际关系。在一定程度上，保持单纯也是经营人际关系的一种方法。

知道了人际关系的价值，还要知道如何来建立人际关系。实际上，人际关系能力和另外两种能力是相互加持的，也就是说，有了另外两种能力保驾护航，就更容易建立人际关系，一种能力是辨别能力，另一种能力是专业能力。

我们要训练自己明辨是非的能力，要树立正确的价值观，培养良好的习惯，不断引导自己做正确的事情。当自己走在正确的道路上时，就更容易结交到正确的队友，因为英雄相惜。此外，要培养自己的专业能力，要让自己拥有一技之长。在一个人际关系系统当中，要有大家很在意的技能，否则，就很容易被替代。如果我们不断训练自己的辨别能力和专业能力，人际关系能力就会随之形成。

归结结底，人际关系的本质是一种合作关系，尤其是放在正式的工作当中，还是要有积极的目标作为导向，并且要通过充实自己来加强人际关系，最终达成更出色的工作绩效。

行动者网络理论：传播正向影响力

行动者网络理论认为，一个人或者一个物体的特征会受到其所进入的圈子的影响，类似于我们常说的“近朱者赤，近墨者黑”。运用这一理论时，要留意以下三点：

一是要在意组织的设计。组织当中的圈子其实是可以设计和引导的。其中要关注三件事情，即结构安排、场所安排以及非正式群体。结构安排体现了正式团队的工作圈子，场所安排体现了工作中人们可以直接流动的圈子范围，非正式群体体现了人们的兴趣圈子。所以，必须要明确，结构安排要以任务为导向，场所安排要利于执行任务，而非正式群体虽然不是组织安排的，但是组织可以通过这个群体的领袖来了解群体的风向，至少不能让非正式群体和组织作对。

二是公司文化一定要正。一个文化很正、充满正能量的公司会影响公司这个圈子当中的人员向好的方向行动，产品和服务也向好的方面发展。不要疏忽网络对于行动者行为特征的影响。如果一个公司提倡悲观思维，其人员和产品一定都是负向的。当然或许没有公司会承认自己是这样的，但是当一个公司对自身发展的要求不高，对产品的品质要求不高，对责任和结果喜欢找理由推脱时，就已经在制造负向氛围了。所以，我们在经营自己时，所融入的圈子一定要正。

三是要留意产品的隐形用户。其实不论是产品还是服务，其可以流动的范围可能比我们想象得要大得多。例如，一个企业想要为老人设计一款高品质的鞋子，于是就把所有的关注点放在了老人身上。这样做不能说不对，可事实上，这双鞋子所流经的范围不只是在老人那里，很可能老人不舍得去买，或者不知道如何去买，而是老人的孩子替他们买。这个时候，决定产品未来的就不仅是老人，还要看这个产品能不能打动年轻人。

产品虽然是一个物品，但也有流动性，产品能不能流向目的地，取决于我们能否基于其所真正触及的网络而设计一些特征。经过这样的设计之后，产品就成了会说话的活物，并且会流向所属的目的地。

最后，回到我们自己身上，其实我们从生下来的那一刻起，就已经步入生活的范围了。年少时通常有家庭和学校庇护，长大成人后就要独立步入社会。在这一成长过程中，要在意自己的行动，在意自己行动的后果，在意这个后果是否可以对自己和身边的人产生积极的影响。在成长的道路上，我们必须坚定正能量的积蓄和辐射，这就是行动者的责任和影响力。唯有如此，才是真的成长。

依恋理论：把感恩之心化作行动力

依恋理论告诉我们，人是感情动物，对身边的环境会有依恋感，但这种依恋感未必能产生绩效。依恋感要产生绩效，必须符合三个条件。

一是避免单恋。生活中或许可以“单恋一枝花”，或是痛苦或是沉迷其中，不能自拔。但在工作和管理实践中要尽量避免单恋，企业和成员之间要认同彼此的价值，成员和工作之间必须要在能力上相互匹配，应该“门当户对”。

因此，不要整天空喊对组织的热爱，要拿出实际行动来让组织也爱上自己。更准确地讲，自己并不是在和组织谈恋爱，因为在正式工作当中组织更加理性，不会听太多的甜言蜜语，而是看实际的工作绩效，这一点我们一定要特别清楚。

二是耐得住寂寞。可以伤离别，但是不能怕孤单。离别的那一刻固然会有伤痛，但是我们总要过离别之后的生活，并且要过好。因此，要学会独处，当常伴自己的人不在身边，或者已经离开时，应该学会一个人在陌生的环境中生存。这种抛开依恋感而习得的生存力才更具备力量。在某种程度上，依恋感给人的生存带来了快乐，但同时也在透支人们的生存能力。或许，失去的是一份依恋感，而得到的是一份生存力。

三是从相思到回报。生活中的育儿和恋家是最典型的例子。父母把孩子抚养大，孩子恋家和懂得感恩是一件好事情，但是一个人成人后就不能只停留在恋家的阶段，而是要知恩图报。当想到报恩时，就会有动力。人与家庭之间、人与企业之间、人与人之间、企业与企业之间、上下级之间、同事之间，对于彼此的依恋，都需要完成从相思到回报的升级。只有这个时候，依恋感才能转化为付出和行动。

因此，不是不能有依恋感，而是不能只有依恋感，而失去独立生存能力和回馈情感的行动力。在人生的成长路上，最大的感恩要用行动来证明。

心智模式理论：从天性到理性

心智模式理论认为，我们的心智模式会影响我们的竞争力。不论是人还是企业，在应对环境时，实际上是依靠心智模式做出决策的，不同的心智模式会产生不同的结果。理论听起来好像有些空洞，我们可以通过以下三点加以理解：

一是要让心智走向成熟。要产生竞争力，得有成熟的心智。我们在认识世界和做决策时，原始的判断标准是天性，因为最初我们只有天性，这是与生俱来的。但永远只停留在天性的阶段，就会发现所做的很多决策都很天真、很理想化、很自我，甚至很鲁莽，因为缺乏与现实世界的真实互动。虽然相应的行为对周围造成伤害一定不是我们的本心，但却是心智不成熟的结果。

人类发达的大脑和肢体，实际上是用来触及世界的，并且这些器官也是在这个过程中不断成长的。所以，就有了另外一套心智模式，即不是以自我为中心的天性，而是触摸真实世界的理性模式。通过感触、认知、适应和改造我们的环境，这个环境或许是我们所在的企业，或许是家庭，会让我们的心智模式从幼稚走向成熟，从天性走向理性。

因此，当我们判断一个人和企业的心智是否成熟时，通常看其是否可以保持理性。一个人可以任性，可以天真一些，但是必须自负后果。从天性到理性，才能知天理，行道义，才能知行合一，做到境由心造。

二是要克服心智封闭模式。心智模式的一个好处在于，可以帮助我们聚焦，不过也有可能会带来疏忽，导致我们错判点与面的真实关联。这不是否认聚焦，只是不能做封闭性的聚焦。

从这个角度来看，心智模式可以有两种，一种是封闭心智模式，另一种是开放心智模式。盲人摸象就是一种典型的封闭心智模式，虽然的确是聚焦在其中的一个点上了，可是这个点是一个错误的答案。所以，聚焦本身没问题，但一定要有对的聚焦，这就要求我们拥有开放心智模式。

因此，“吃着碗里的，看着锅里的”不对，但是也不能“捡了芝麻，丢了西瓜”，要聚焦真正有价值的系统。

三是要占领心智。这个道理再简单不过，例如，两个人要在一起，就要占领彼此的心智，走入对方的内心世界，这是先决条件。对于企业管理来说，要占领两个心智，即成员心智和顾客心智。占领成员心智的途径是通过知识的分享让彼此拥有共同的工作方法论，这是团队主管和企业管理者要做的。占领顾客心智的途径是企业先去感知顾客价值，再把从中得到的心智凝结在产品和服务上，这时心智就会带路，把产品和服务带到顾客那里。

总之，我们要用开放的心态练就成熟的心智，再把心智分享给重要的人，这样这套模式就会产生价值。

认知失调理论：走出失落，重拾信心

认知失调理论在表达一种现象，即现实与我们所想的可能是两回事。很多时候我们会把这个理论放在认知或态度层面来理解，其实放在自我激励的层面来把握会更具有现实意义。

当我们从自我激励的角度来看这种现象时，会启发我们用行动来解决问题。生活和工作中难免会有不尽如人意的事情，重点不在于我们的感受，而在于怎么用行动来应对。

首先，对于看不顺眼又力所不能及的事情要学会承受。我们会遇到很多不顺眼的事情，也就是与我们所预想的不一样的事情。面对这样的现实，如果我们无能为力的话，那就不要让自己停留在痛苦中，而是学会承受。要改变自己的心态，从心理上去接纳。除此之外，找不到更好的选择。

其次，对于力所难及但又正确的事情要力挽狂澜。很多时候，我们发现事实和预期有偏差，往往是自己低估了事情的难度。事实上，做正确的事情往往都是有难度的。所以，遇到困难时我们要判断，如果仍然坚持自己原有的选择是正确的，就不要放弃，要迎难而上，全力以赴，力挽狂澜。这个时候一旦向困难屈服，失去的就是正确的事情和结果。

再次，先学会承受，再力挽狂澜。学会承受不是结果，而是我们重新获得认知的开始。很多最初我们看不顺眼的事情，当我们可以接受的时候也许就能从中找到对的事情，此时才知道真正对的事情是什么。此外，学会承受更多是一种积累，用一次次的承受积累能量，来帮助自己达成力挽狂澜的目的。

最后，要把相信的事变成现实。有一个团队很相信老板，老板说三年之后一定要让大家过上好日子。一年过去了，两年过去了，公司的境况始终都不尽如人意，困难也比想象的要大得多。按照这个趋势，三年之约眼看就要毁掉了，于是有几个人已经走了。可是到了第三年的时候，剩下的人都表现出了异常的努力，因为他们相信老板，想把老板当年的话变成现实，这样才能证明自己的相信是对的，证明自己的选择是对的。于是，他们全力为公司寻找活路，老板更是四处奔波，寻找救星。三年下来，他们最初相信的结果真的出现了。老板没有说谎，大家的相信也得到了验证。

不要对相信的事情轻言放弃，而是要用行动把相信的事情转化为真实的存在。因此，认知失调理论不是在呈现失落的心情，而是让我们去寻找重拾希望的信心。

心理平衡理论：做自己情绪的主人

心理平衡理论发现，人们在认识世界的过程中，心理总有不平衡的时候，这种不平衡感会让人们的情绪产生波动，进而影响人们做事情的结果。因此，恢复心理平衡，让自己安下心来做事情，是做出成绩的关键。

关于心理不平衡产生的原因，如果从自身来找的话，通常有三点：一是不能自控，二是情感主导，三是喜欢比较。针对这三点原因，有三件事情必须做，具体如下：

一是要有调节意识。要意识到自己的情绪变化，这是自己恢复平衡的起点。很多时候，最大的问题不在于认识世界，而在于认识自己。当我们不能认识到自己的情绪状态出现问题时，反而是最大的麻烦。所以，一般我们在说“情商”这个词时，并不是先去讲处理人际关系的能力，而是先去讲管理自己情绪的能力。因此，要意识到自己的情绪，做自己情绪的主人，做一个随时可以让自己由不开心变开心的人。

二是对事不对人。尤其是在工作当中，不要从情感上对人下定论。习惯用情感对人下定论就会出现两种合作障碍，即上下级的非理性评价和团队成员之间的情感冲突。事实上，下属的脆弱心理其实是上司惯坏的。如果一个主管只用喜欢不喜欢去评价一个人，而不是用标准来衡量绩效，这种“宠爱”就会让双方无限放大对对方的非理性期待，从而无法直面绩效现实。

此外，如果一个人因为不喜欢另一个人而不愿意在团队中工作的话，结果往往是有你没我，并且无法完成任务。解决之道在于，打破心理平衡理论中蕴含的非理性因素，对事不对人，工作中以任务为重。

三是从管别人到管自己。我们的心理不平衡往往来源于比较，尤其是在今天这样一个信息无所不在的世界，别人怎么活、活得怎么样我们似乎都能看得到。实际上，这种比较是与身边人的比较，因为世界首富有多少财富和我们没太大关联，但是身边的人过得如何似乎就能影响到我们。

事实上，一方面，别人活得到底怎么样只有别人自己清楚；另一方面，如果比来比去导致自己不开心，干脆别去比较了。对人和企业来说都是如此，世界越大，机会越多，越需要聚精会神管理好自己，对于企业而言叫作聚焦，对于个人而言则叫作定力。我们所处的世界是一样的，但是我们可以不一样。

世界再大，一个人每天也只有 24 小时，不要让比较和不开心总是来光顾自己，占用自己太多的精力。总之，做自己就好。

平静管理理论：把时间花在平静上

平静管理理论介绍了一种自我管理的方式，提倡人要像纯净的水一样不断净化自我。平静管理之所以被称为一种管理方式，在于其平衡着一对矛盾体，即激情和平静。平静管理实际上是告诉我们要平静而又不失激情。

一方面，要心静如水。不论身处何种困境，不论遇到多大的诱惑，都要让自己静下心来。所谓沉默是金，一个人要懂得给自己沉默的时间，因为只有这个时间是自己可以安心做选择的时间，是自己可以独立思考的时间，是自己可以安心做事情的时间。如果一个人因外部环境的浮躁而变得浮躁，内心的嘈杂一定会干扰自己的选择，内心的波动一定会干扰自己的专注，此时一定无法做出正确的选择，也没有办法把事情做好。

时间就是金钱，要在宝贵的时间里创造更多价值就必须心定。心定不会改变时间的绝对长度，却会改变时间的相对价值。当我们平静、理性地把时间和事情组合在一起时，我们的相对时间会带来效率的提升。

一个人心乱如麻地过一天会一事无成，心静如水地珍惜一天会做成很多事情，对于团队、企业都是如此。管理要追求效率，人生要追求价值，我们首先应当定心。

另一方面，要静水深流。我们的内心要平静地像一面湖水，但又不能失去追求卓越的激情。所以，在一面湖水之下，应该有深厚的价值积淀。人和企业应该成为一个平静、虔诚而又持续行动、不断努力奔赴卓越的修行者。怕的是，水静了，也不流了，这时候就成了为追求平静而平静。平静是为了安心做事，是为了积蓄力量，一定不能失去行动。

只会平静而不行动，这很容易，什么都不做就是了，但这样的平静不是管理所提倡的平静，反而可能变成懒惰。同样，只会激情四射也很容易，但只浮于表面而没有一颗坚定的心，也会虚度光阴。

在这一点上，人和企业都是如此。例如，我们看到两个企业都铺天盖地地打广告，但结果是，一个企业最后倒下了，另一个企业却活了下来。如果问那个活下来的企业为什么要打广告，可能得到的答案是，因为我有好的产品要让大家知道，而那个倒下的企业可能会说，我看另一个企业在做广告，所以我要喊得更响。可是，这家企业并不知道，广告一定要有底气才行，别人的广告是十年磨一剑，而自己的广告却只有吆喝声，那么企业最终只能死亡。因此，真正的竞争力总是在平静中默默地生长，看似平淡无奇，却会因为深厚的功底而迸发出惊人的力量。

总之，面对动态的环境，如果只有存量，没有增量，就一定没有发展。

管理人理论：成为管理人

管理人理论认为一个人要想取得成绩，必须成为管理人。今天，有电影人、喜剧人、音乐人、经纪人等，管理人不是一个流行的词语，但这个词语应该广为人知；管理人不是一份职业，但应该成为我们的本职；管理人不是一种假设，我们必须真正成为管理人；管理人不是任何人的专利，人人都可以是管理人。

不论男女老少，管理人在管谁？在管自己。管理人有两个特征，一是理性，二是不完全理性。如果懂得了这两个特征的内涵，就会发现两者并不冲突。

管理人是理性的。理性的特点就是要为生存而努力，敢于舍弃，不该做的事情一定不会去做，对待事情认真负责，要把事情做得漂亮，珍惜时间，珍爱生命，珍惜拥有的一切，最后把这些特点融入自己，用行动表现出来。

归结起来，理性其实有一个重要的应用场景，就是工作。不管你做什么工作，是在企业还是在非企业，不管你是哪个层级的人员，对工作都要保持理性。工作中保持理性有一个方法，即理性的事情一定要理性地去做，感性的事情也一定要理性地去做。

例如，经营企业要赚钱，但还要承担社会责任，前者是理性的事，后者是感性的事，但是也要理性地去做。所以，一个企业可以做公益，但是必须理性地做，保障受益者的利益，争取把每一分钱的价值最大化，争取这个过程中有价值增值，争取可以有更多人受益，争取让公益可持续。

更理性的方式是，把经营和公益放在一起。例如，做鞋的企业每卖出十双鞋，就帮助那些没鞋穿的人穿上一双鞋。把经营管理的理性和公益责任结合，就是用理性的方式做感性的事。

又如，管理企业要给人温暖，甚至给成员的家人送去温暖，这是感性的事，但仍然要理性地做。要确保所营造的企业环境真的是大家喜欢的样子，确保送去的温暖是雪中送炭，确保大家知道天下没有免费的午餐，这样大家才会把这份来之不易的温暖转化为更大的工作动力，才能创造出更多的温暖。这就是用理性的方式做感性的事，只有这样，感性的事才能做成、做好、做得漂亮。

与此同时，管理人不是绝对理性的，管理人的理性是有限度的。这种限度体现在两个方面：

一是管理人有欲望但不贪婪。管理人很努力，但一定是日积月累的努力，不会一口吃成个胖子，不会一下子就变成一个超人，拥有无数的财富和崇高的地位。管理人在做决策时，不会想着这一个决策就可以让企业一劳永逸。管理人总是有节奏地行动，张弛有度，按照生命的规律在走，一步一个脚印，踏踏实实，并且不会松懈。

二是管理人不只是工作狂。管理人是一个有血有肉、有情有义的人，有工作、有生活。管理人知道，在一些场景，理性是不适用的，哪怕在工作当中可以呼风唤雨，回到家里、来到生活中的朋友身旁，这些权威都要全部放下。管理人会珍惜和家人、朋友在一起的时光，但又知道该回到工作中的时候就要全力以赴，知道这是工作的责任，也是对家人的责任。或许，这种有限度的理性才是真正的理性。

管理人还有着吸引和影响周围人的魅力。事实上，我们一定愿意和这样的管理人在一起，因为管理人在工作中会成就人，在生活中会体贴人。如果你是一个真正的管理人，工作中会有很多人愿意成为你的伙伴，生活中会有很多人愿意做你的朋友。管理人不做损人利己的事情，不会好心做坏事，不会事后以无心作为借口来为自己推脱责任，因为管理人的心智成熟，有担当。

这些美好现象的背后是管理人的人性假设。今天大家都在谈“人设”，学习了管理人理论后，也应该给自己设定管理人的“人设”，这不是在设计自己，而是在设计美好人生。

成为一个管理人，这就是本书最后给读者的话。

附录 管理理论的代表人物（组织）

理论	代表人物（组织）
5P 战略理论	Mintzberg
7S 组织理论	Peters, Pascale, McKinsey
5D 文化理论	Hofstede
3I 知识理论	Handy
4P 营销理论	Kotler
5F 产业理论	Porter
BRT 创业理论	Timmons, Babson College
OPR 资源理论	Timmons, Babson College
STP 市场理论	Kotler
SWOT 环境理论	Christense, Andrews
PIMS 利润理论	Buzzell, Gale
PDCA 质量理论	Deming
OGSM-T 计划理论	Ansoff, P&G
SMART 目标理论	Locke, Bryan, Latham
OCEAN 人格理论	Goldberg
X-Y 理论	McGregor
Z 理论	Ouchi
业务组合理论	Henderson, BCG

续表

理论	代表人物（组织）
业务成长理论	Ansoff
产品层次理论	Kotler
文化层次理论	Schein
品牌开发理论	Kotler
创新归类理论	Henderson, Clark
流程再造理论	Hammer
不成熟—成熟理论	Argyris
管理型组织	Drucker, Simon
战略型组织	Kaplan, Norton
创新型组织	Drucker
组织发展理论	Beckhard, Schein
组织学习理论	Senge
组织双环学习理论	Argyris
变革型学习理论	Brown, Posner
组织承诺理论	Gouldner, Grusky, Becker
组织公平理论	Adams, Greenberg
组织生态理论	Freeman, Hannan
社会认知理论	Bandura
社会变革理论	Lewin
社会助长理论	Cottrell, Clayton
社会身份认同理论	Tajfel, Ashforth
社会比较理论	Festinger
社会资本理论	Coleman, Portes
社会网络理论	Bavelas, Leavitt, Mitchell
社会交换理论	Homans, Blau, Befu
社会营销理论	Kotler
高阶理论	Hambrick
经理人职责理论	Barnard

续表

理论	代表人物（组织）
领导者的权力理论	Weber, Fiedler
领导者的风格理论	Tichy, Ulrich
领导者的情商理论	Goleman
领导者生命周期理论	Hersey, Blanchard
介入理论	Argyris
前景理论	kahneman
痛觉理论	Gerrig, Zimbardo
场域理论	Lewin
制度理论	DiMaggio, Scott
心理契约理论	Argyris, Schein
结构化理论	Giddens, Stones
动态结构理论	Chandler
部门层面的权力理论	Salancik, Pfeffer
群体间冲突理论	Cox
自我管理团队理论	Wageman
虚拟团队理论	Lipnack, Stamps
目标设定理论	Locke, Bryan, Latham
控制理论	Carver
资源基础理论	Barney
资源依赖理论	Pfeffer
知识基础理论	Grant, Foss
知识吸收理论	Cohen
动态能力理论	Teece, Gary, Amy
博弈论	Von Neumann, Nash
利益相关者理论	Freeman
委托－代理理论	Fama, Eisenhardt
交易成本理论	Coase, Williamson
议题设定理论	McCombs, Shaw

续表

理论	代表人物（组织）
媒介丰富性理论	Daft
演化理论	Pascale
角色理论	Biddle
伦理理论	Ross, Broad, Derry
归因理论	Rotter, Kelly, Weiner
意义构建理论	Weick
自我意识理论	Leonard, Beauvais, Scholl
自我决定理论	Deci
有效市场理论	Fama
工作特性理论	Lawler, Oldham, Fried, Ferris
基层人员的权力理论	Katz
知识创造理论	Nonaka
创新扩散理论	Rogers
计划行为理论	Ajzen
期望理论	Vroom
镜像理论	Beach
人类激励理论	Maslow
员工激励理论	Herzberg
人际关系理论	Mayo
行动者网络理论	Law
依恋理论	Adshead
心智模式理论	Johson-Laird, Gentner, Stevens
认知失调理论	Festinger
心理平衡理论	Jordan, Newcomb
平静管理理论	Mintzberg
管理人理论	Simon

参考文献

[1] 陈春花 . 企业文化的改造与创新 [J]. 北京大学学报（哲学社会科学版），1999，36（3）.

[2] 德鲁克 P F． 创新与企业家精神 [M]． 蔡文燕，译 . 北京：机械工业出版社，2009.

[3] 格里格 R J，津巴多 P G. 心理学与生活 [M]. 19 版 . 王垒，等译 . 北京：人民邮电出版社，2014.

[4] 明茨伯格 H，阿尔斯特兰德 B，兰佩尔 J. 战略历程 [M]. 魏江，译 . 北京：机械工业出版社，2012.

[5] 钱德勒 A D. 战略与结构 [M]. 孟昕，译 . 昆明：云南人民出版社，2002.

[6] ADAMS J S. Toward an understanding of inequity[J]. Journal of abnormal and social psychology, 1963, 47(5).

[7] ALCHIAN A. Uncertainty, evolution and economic theory[J]. Journal of political economy, 1950, 58(3).

[8] ANSOFF H I. Corporate strategy[M]. New York: McGraw-Hill, 1965.

[9] ARGYRIS C. Double loop learning in organizations[J]. Harvard business review, 1977, 55(5).

[10] ARGYRIS C. Personality and organization[M]. New York: Harper & Row, 1957.

[11] ASHFORTH B E, MAEL F. Social identity theory and the organization[J]. Academy of management review, 1989, 14(1).

[12] BANDURA A. Social foundations of thought and action: a social cognitive theory[M]. Englewood Cliffs: Prentice Hall, 1986.

[13] BARNARD C I. The functions of the executive[M]. Boston: Harvard University Press, 1938.

[14] BARNEY J B. Firm resources and sustained competitive advantage [J]. Journal of management, 1991, 17(1).

[15] BECKER H S. Notes on the concept of commitment[J]. American journal of sociology, 1960, 66(1).

[16] BIDDLE B J. Role theory: expectations, identities, and behaviors[M]. New York: Academic Press, 1979.

[17] BLAU P M. Exchange and power in social life[M]. Hoboken: Wiley, 1964.

[18] BRYAN J F, LOCKE E A. Goal setting as a means of increasing motivation [J]. Journal of applied psychology, 1967, 51(3).

[19] BUZZELL R, GALE B. The PIMS principles: linking strategy to performance[M]. New York: Free Press, 1987.

[20] CALLERO P L. From role-playing to role-using: understanding role as a resource[J]. Social psychology quarterly, 1994, 57(3).

[21] CARVER C S, SCHEIER M F. Attention and self-regulation: a control theory approach to human behavior[M]. New York: Springer, 1981.

[22] CHAGANTI R, SAMBHARYA R. Strategic orientation and characteristics of upper management[J]. Strategic management journal, 1987, 8(4).

[23] CLAYTON D A. Socially facilitated behavior[J]. Quarterly review of biology, 1978, 53(4).

[24] COASE R H. The nature of the firm[J]. Economica, 1937, 4(16).

[25] COLEMAN J S. Social capital in the creation of human capital[J]. American journal of sociology, 1988, 94(1).

[26] COLLINS J C, PORRAS J I. Organizational vison and visionary organizations[J]. California management review, 1991, 34(1).

[27] COX T H J. Cultural diversity in organizations: theory, research and practice[M]. San Francisco: Berrett-Koehler, 1993.

[28] CROPANZANO R, MITCHELL M S. Social exchange theory: an interdisciplinary review[J]. Journal of management, 2005, 31(6).

[29] DONALDSON L. The contingency theory of organizations[M]. Thousand Oaks: SAGE Publications, 2001.

[30] EISENHARDT K M. Agency theory: an assessment and review[J]. Academy of management review, 1989, 14(1).

[31] FAMA E F. Agency problems and the theory of the firm[J]. Journal of political economy, 1980, 88(2).

[32] FESTINGER L. A theory of social comparison[J]. Human relations, 1954, 7(2).

[33] FIELDER F E. A theory of leadership effectiveness[M]. New York: McGraw-Hill, 1967.

[34] FOMA E F. Efficient capital markets: a review of theory and empirical work[J]. Journal of finance, 1970, 25(2).

[35] FREEMAN R E. Strategic management: a stakeholder approach[M]. Boston: Pitman, 1984.

[36] FRIED Y, FERRIS G R. The validity of the job characteristics model: a review and meta-analysis[J]. Personnel psychology, 1987, 40(2).

[37] FUKUYAMA E. Trust: social virtues and the creation of prosperity[M]. London: Hamilton, 1995.

[38] GIDDENS A. The constitution of society: outline of the theory of structuration[M]. Cambridge: Polity, 1984.

[39] GOULDNER A W. Dimensions of organizational commitment[J]. Administrative science quarterly, 1960, 4(4).

[40] GREENBERG J. Organizational justice: yesterday, today, and tomorrow[J]. Journal of management, 1990, 16(2).

[41] GREINER L E. Evolution and revolution as organization grow[J]. Harvard business review, 1972, 50(4).

[42] GRUSKY O. Career mobility and organizational commitment[J]. Administrative science quarterly, 1966, 10(4).

[43] HACKMAN J R, JANSON R, PURDY K. A new strategy for job enrichment[J]. California management review, 1975, 17(4).

[44] HAMMER M. Reengineering work: don't automate, obliterate[J]. Harvard business review, 1990, 68(4).

[45] HANDY C. The future of work: a guide to a changing society[M]. New York: John Wiley and Sons, 1984.

[46] HANNAN M T, FREEMAN J. The population ecology of organizations[J]. American journal of sociology, 1977, 82(5).

[47] HAWLEY A H. Human ecology: a theory of community structure[M]. New York: Ronald, 1950.

[48] HEIDER E. Attitudes and cognitive organization[J]. Journal of psychology, 1946, 21(1).

[49] HERSEY P, BLANCHARD K H. Life cycle theory of leadership[J]. Training and development journal, 1969, 23(5).

[50] HERZBERG F. One more time: how do you motivate employees? [J]. Harvard business review, 1968, 46(1).

[51] HOMANS G C. Social behavior as exchange[J]. American journal of sociology, 1958, 63(6).

[52] JORDAN N. Cognitive balance, cognitive organization, and attitude change: a critique[J]. Public opinion quarterly, 1963, 27(1).

[53] KIM W C, MAUBORGNE R. Value innovation: the strategic logic of high growth[J]. Harvard business review, 1997, 75(1).

[54] KOTLER P, LEVY S J. Broadening the concept of marketing[J]. Journal of marketing, 1969, 33(1).

[55] LAW J. HASSARD J. Actor network theory and after[M]. Oxford: Blackwell, 1999.

[56] LAWLER E E. Job design and employee motivation[J]. Personnel psychology, 1969, 22(4).

[57] LEWIN K. Frontiers in group dynamics[J]. Human relations, 1947, 1(2).

[58] LIPNACK J, STAMPS J. Virtual teams: the new way to work[J]. Strategy & leadership, 1999, 27(1).

[59] MCCLELLAND D, BURNHAM D. Power is the great motivator[J]. Harvard business review, 1976, 54(2).

后 记

我曾经和一位茶企的创始人交流到很晚，我很幸运在夜深人静的时候这位企业家愿意向我吐露心声。他说为了给消费者提供一杯真正健康安全的好茶，坚持投入七年，耗资数亿元，实现了整个生产过程全都有机。可是让他苦恼的是，当他拿出这杯好茶的时候，市场上已经满是“有机茶”了，并且，相比之下，他的有机茶在价格上没有竞争力。他指着我们所在的写字楼和附近的一些地产说，换个人也许早就坚持不下去了，还好有集团的传统地产产业做支撑。

我深深理解他的痛苦，并且欣赏他的坚持，希望这样的企业可以坚持下去，不随波逐流，也不被驱逐。但这次对话给我更大的触动是，对于大多数人而言，如果我们不是“创二代”，我们能否有这样的坚持呢？这份不安一直在我的心里。

近来发生的疫苗问题也让人们感到不安，但让我们感到欣慰的是，国家对此事予以高度重视并全力解决，努力守护着我们的家园。我知道这是任何进步的社会中都难免会遇到的问题，并且是一定要去直面和克服的挑战，但我也知道一些社会问题能否解决在于我们自己能否把控自己，能否辨别和付出真善美。这不容易，需要克制和坚持，需要说服自己坚强地去承受痛苦，需要牺牲可能拥有的安逸并保持勤奋，还需要不断督促自己去学习和改变。

我渴求正义美好的社会，可是我更清楚，这一切美好必须来自我们内心的坚守。要解决社会的不良问题，我们每个人都要向坚守美好的方向去成长或转变。这实属不易，但是我们必须去转变和努力。因此，要造福社会，必须从改造自己做起。

这几年，知识付费的兴起让我的内心感到欣喜，因为知识开始呈现出更直接的变现能力。与此同时，过于快速的变现也让我担心，大家到底买的是一时的快乐，还是真正可以创造价值的知识。就像很多人无法辨别有机茶一样，我们真的能辨别知识吗？我不确定。

当然，或许有人会说，我付费买的是消遣，一时痛快就够了，不用去想那么多。这种感受当然没错，但那就不是为知识而付费了，更多的变成了一种娱乐活动。这时我明白了为什么很多娱乐圈的人可以去做知识付费，并且变现能力很强。如果是这样，那么这更像是娱乐付费的新战场，真正属于知识付费的春天还没有来临。因此，知识可以寓教于乐，但是必须作为最重要的灵魂。

经管门类里有四个部分，即管理、经济、金融、财务，后面三个部分不是一般人敢碰和能碰的，因为专业性非常强，没有一定的理论基础几乎没法去谈。对于管理来说，表面上看似乎各行各业的人都可以讲管理，或者很多内容已经涉及了管理知识，但是大家更多的是在碎片化地吸收一些管理知识或现象，对本质的理解还有待提升，且较少触碰到理论的根基。

事实上，管理知识并不是简单地以读起来的感受为判别标准，也不是以新鲜感为判别标准，其唯一的标准就是实践中的有效性。这意味着，没有长时间扎根企业或者深入理解企业的实际问题，很难研究出“健康有机”

的管理知识。所以，谈管理容易，但是真正操盘企业或者做管理顾问却非常难。

因此，如果谁认为管理是一个简单的差事，或者把管理者的行为想象得非常随意和自由，认为谁都可以很容易地胜任管理工作，甚至认为企业或者我们每个人没有管理照样活得很好，那就真的是误读管理了。不能把管理当儿戏，因为它承载着太多人的努力和心血。我们必须为管理做出深入的探讨和学习，才不枉费每一个人的劳动付出。

陈春花老师所著的《我读管理经典》给了我很大的启示，让我知道可以通过解读的方式帮助大家更好地认识管理理论。于是，从《管理的内容：10大核心管理概念解读》开始，我就在用自己独特的方式研究和解读管理理论。那时我解读了10个基本概念，这次我向自己发起挑战，去解读100个重要的管理理论，并且用简明的方式做出全新的呈现，这或许是我可以真正贡献和创造价值的部分。在过去100年中，有些管理理论像是沉入大海的遗珠，我把它们打捞上来，并且让其绽放新的光芒，相信读者的慧眼会看到。我们今天接触到的知识或许只是现象，本质就在这些理论当中，同时，对于我们今天遇到的一些难以解决的问题，答案也许就蕴藏在这些理论当中。

内在的坚持和渴望驱动我完成了这本书。事实上，我知道管理理论还有一个特别功能，就是可以让人的内心平静下来，这也是我一定要坚持管理理论写作的原因。我希望大家能收获一份平静，这份平静是可以带给个人动力的平静，是可以安心工作和生活的平静，是可以让我们坚持美好之心和行动的平静。

总而言之，我的全部努力只是想帮助大家在知识的海洋中得到一些不一样的真知，让大家在现有知识的基础上补充一些养分。不论是对于学习者还是知识创造者，希望本书都能有一些积极的启发或帮助。

这注定是一条漫长艰辛却充满光辉的路，我愿意坚持走下去，希望您也一样。

刘祯